En couverture :

Dessin de Corinne VENOT, d'après une figurine yoruba du Nigéria représentant un couple d'Edan (Musée des Arts Africains et Océaniens, n M.N.A.N. 69.8.1).

LE KANEMBOU
DES NGALDOUKOU

SOCIÉTÉ D'ÉTUDES LINGUISTIQUES ET ANTHROPOLOGIQUES DE FRANCE
91-92

Francis JOUANNET

LE KANEMBOU DES NGALDOUKOU

(Langue saharienne parlée sur les rives septentrionales du Lac Tchad)

PHONÉMATIQUE ET PROSODIE

Publié avec le concours du
CENTRE NATIONAL DE LA RECHERCHE SCIENTIFIQUE
et de
l'AGENCE DE COOPÉRATION CULTURELLE ET TECHNIQUE

1982

Agence de Coopération Culturelle et Technique
(A.C.C.T.)

EGALITÉ, COMPLÉMENTARITÉ, SOLIDARITÉ

L'Agence de Coopération Culturelle et Technique, organisation internationale créée à Niamey en 1970, rassemble des pays liés par l'usage commun de la langue française à des fins de coopération dans les domaines de l'éducation, des sciences et des techniques et, plus généralement, dans tout ce qui concourt au développement des Etats Membres et au rapprochement des peuples.

PAYS MEMBRES

Belgique, Bénin, Burundi, Canada, République Centrafricaine, Comores, Côte-d'Ivoire, Djibouti, Dominique, France, Gabon, Haïti, Haute-Volta, Liban, Luxembourg, Mali, Ile Maurice, Monaco, Niger, Rwanda, Sénégal, Seychelles, Tchad, Togo, Tunisie, Vanuatu, Viêt-nam, Zaïre.

ETATS ASSOCIES

Cameroun, Guinée-Bissau, Laos, Mauritanie.

GOUVERNEMENTS PARTICIPANTS

Nouveau-Brunswick, Québec.

ISSN : 0249-7050
ISBN : 2-85297-129-1

Dépôt légal : mars 1982

Résumés

Francis JOUANNET - Le kanembou des Ngaldoukou (langue saharienne parlée sur les rives septentrionales du Lac Tchad). Phonématique et prosodie.
1982, Paris, SELAF (Bibliothèque 91-92)

Inspiré d'une volonté de recherche méthodologique, ce travail, qui porte sur la phonologie d'une langue saharienne, le kanembou, scinde l'analyse en deux parties. En effet, les relations entre la chaîne phonématique (première partie) et la chaîne prosodique (deuxième partie) n'impliquent pas une décomposition simultanée.

Le niveau phonématique part du principe que l'analyse paradigmatique, dont la fonction tient dans la détermination des traits distinctifs, présuppose une analyse syntagmatique par laquelle les éléments sont répertoriés en des classes distributionnelles.

La relative autonomie du niveau prosodique qui nous a amené à distinguer deux champs fonctionnels - phonématique et prosodique - est liée à la liberté de l'accent en kanembou. Dans cette langue, il n'est pas possible de déduire des limites du mot et de sa constitution phonologique la place de l'accent à l'intérieur de celui-ci. De fait, l'accent libre dépend de la structure morphologique du mot.

Francis JOUANNET - The Ngalduku dialect of Kanembu, a Saharan language spoken on the northern coast of Lake Chad.
1982, Paris, SELAF (Bibliothèque 91-92)

This work on the phonology of the Saharan language Kanembu attempts to contribute to methodological research and contains a two-part analysis. This is because the relationships between the segmental sequence (first part) and the prosodic sequence (second part) do not imply a simultaneous breakdown.

The segmental analysis is based on the principle that paradigmatic analysis, which is intended to determine the distinctive features, assumes a phrase-structure analysis which provides an inventory of terms into distributional categories.

The relative independence of the prosodic level, which leads the author to distinguish two functional domains (phonemic and prosodic), is due to the freedom of placement of the accent in Kanembu. It is impossible to determine its position from the boundaries and the phonological structure of the word. Actually, the free accent depends on the morphological structure of the word.

Francis JOUANNET - El kanembu de los ngaldukus, una lengua sahariana de la costa norte del Lago Chad.
1982, Paris, SELAF (Bibliothèque 91-92)

Inspirándose de una voluntad metodológica, este trabajo acerca de la fonología de una lengua sahariana (el kanembu) presenta un análisis dividido en dos partes. En efecto, las relaciones entre la cadena fonemática (primera parte) y la cadena prosódica (segunda parte) no implican una descomposición simultánea.

El nivel fonemático parte del principio de que el análisis paradigmático cuya función es la determinación de los rasgos distintivos, presupone un análisis sintagmático que coloca los elementos en un inventario de clases distribucionales.

La autonomía relativa del nivel prosódico que lleva al autor a distinguir dos campos funcionales (fonemático y prosódico) está vinculada a la libertad del acento en kanembu. En esta lengua, resulta imposible deducir la colocación del acento de los límites de la palabra o de su constitución fonológica. De hecho, el acento libre depende de la estructura morfológica de la palabra.

Francis JOUANNET - Das Kanembu der Ngalduku (Eine am Nordufer des Tschad-Sees gesprochene saharanische Sprache. Phonematik und Prosodie.
1982, Paris, SELAF (Bibliothèque 91-92)

Im Bestreben nach einer methodologischen Untersuchung ist die Analyse dieser Arbeit, die sich mit der Phonologie einer saharanischen Sprachen - des Kanembu - befasst, zweigeteilt. In der Tat implizieren die Beziehungen zwischen dem phonematischen (Teil I) und dem prosodischen System (Teil II) keine Zusammenfassung der Aufschlüsselung der beiden Systeme.

Auf der phonematischen Ebene wird von dem Prinzip ausgegangen, dass die paradigmatische Analyse, die zur Bestimmung der distinktiven Merkmale dient, eine syntagmatische Analyse zur Einordnung der Elemente in distributive Klassen voraussetzt.

Die relative Autonomie der prosodischen Ebene, die zur unterscheidung zweier funktionaler Felder - phonematisch und prosodisch - führt, hängt mit dem freien Akzent im Kanembu zusammen. In dieser Sprache ist es nicht möglich, anhand von Wortgrenzen und phonologischer Zusammensetzung die Stellung des Akzents in einem gegebenen Wort zu bestimmen. Tatsächlich richtet sich der freie Akzent nach der morphologischen Struktur des Wortes.

Франсис ЖУАННЭ - Язык канембу у населения Нгалдуку, язык сахарской языковой семьи на северном берегу озера Чад. Фонология и просодия.
1982, Paris, SELAF (Bibliothèque 91-92)

Данная работа о фонологической системе языка канембу задает себе целью в то же время исследование некоторых проблем по методологии. Она состоит из двух частей, так как связь между фонематической цепью (первая часть работы) и просодической цепью (вторая часть работы) не означает что эти две цепи должны быть разделены одновременно. В анализе уровня фонологической системы автор исходит из принципа по которому парадигматика то есть определение различительных функциональных черт предполагает синтагматический анализ то есть перечень элементов в дистрибутивные классы.

Относительная автономия просодического уровня факт который принудил автора различать два функциональных поля - фонематическое и просодическое - связана с акцентом в языке канембу. В этом языке нет никакой возмзжности определить место акцента ни по границам слова ни по его фонологической структуре. В самом деле свободный акцент зависит от морфологической структуры слова.

LE KANEMBOU DES NGALDOUKOU

SOMMAIRE

Frontière — Limite de préfecture — Limite de sous-préfecture

Capitale — Chef-lieu de préfecture — Chef-lieu de s. préfecture

CARTE 1 - ORGANISATION ADMINISTRATIVE DU TCHAD

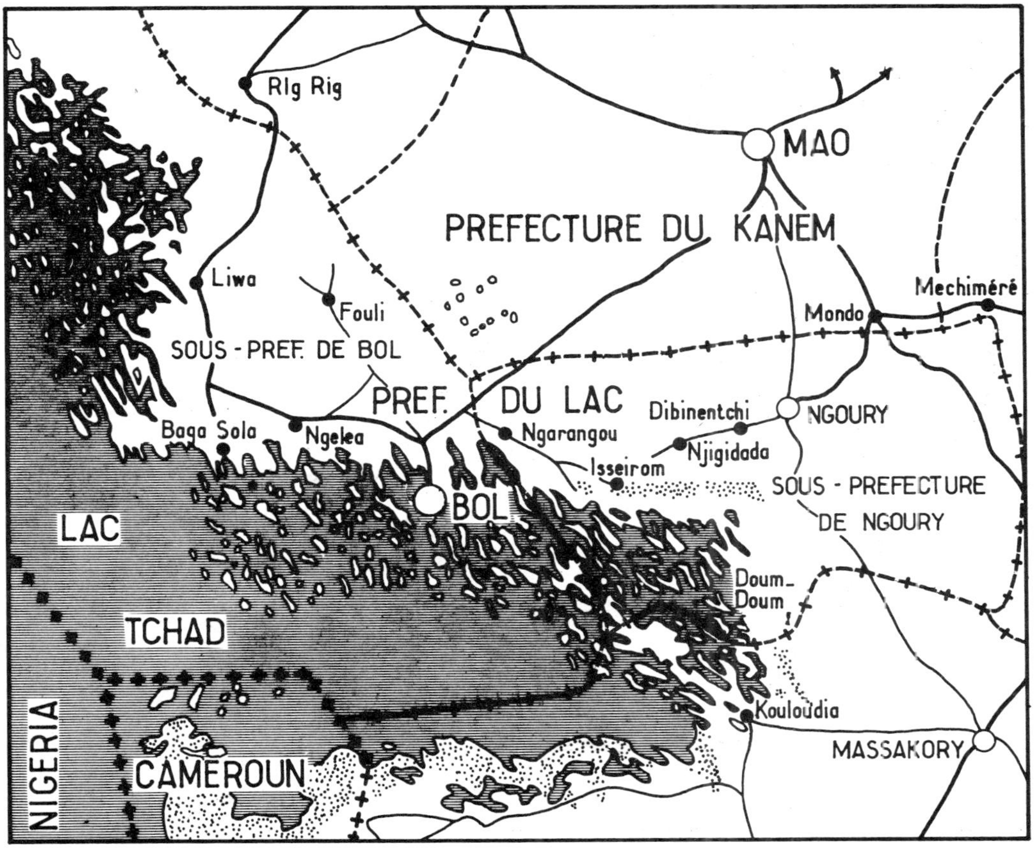

Limite d'état	+ + + +
Limite de préfecture	+ — + — +
Limite de sous-préfecture	– – – – –
Piste importante	———
Autre piste	———
Chef-lieu de préfecture	◯
Chef-lieu de sous-préfecture	○
Autre localité	●
Zone inondable	∴∴∴

CARTE 2 - LA RÉGION DU LAC

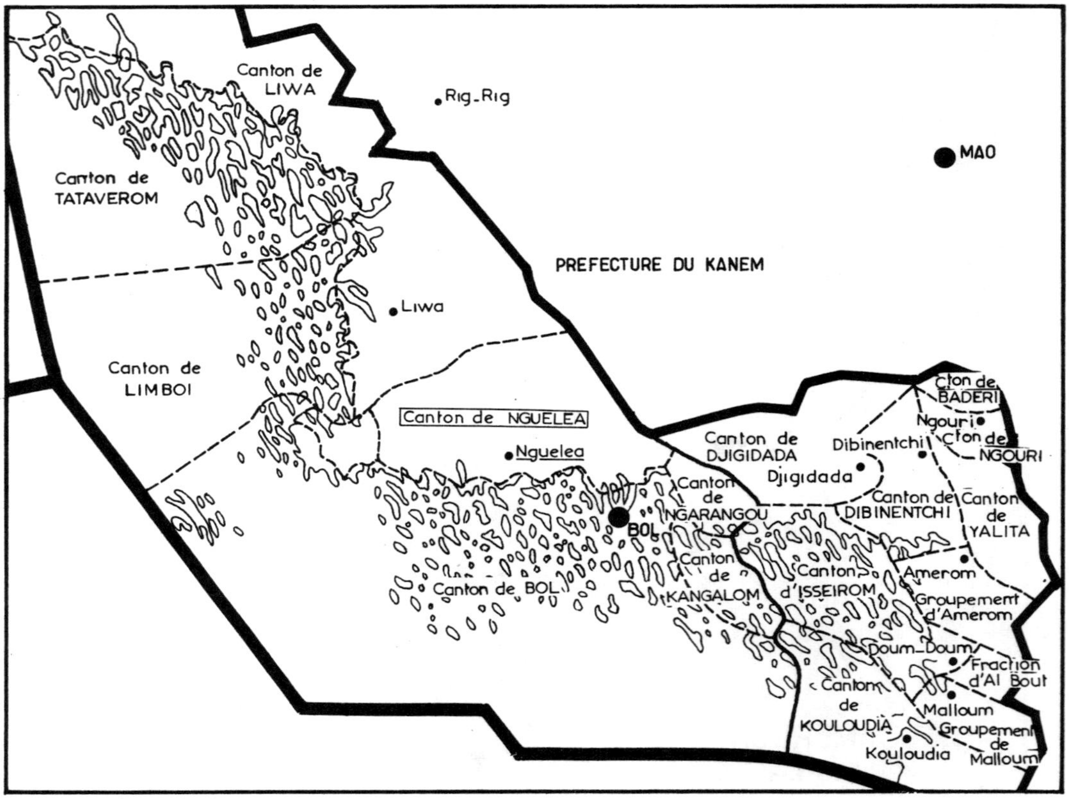

Limite d'état

Limite de la préfecture du Lac

Limite de sous-préfecture

Limite de canton

Chef-lieu de sous-préfecture

Chef-lieu de poste administratif

CARTE 3 - DIVISIONS ADMINISTRATIVES DE LA PRÉFECTURE DE BOL

INTRODUCTION

PRÉLIMINAIRES

0.0. Ce travail a été l'objet d'une thèse de troisième cycle dirigée par le Professeur Gabriel MANESSY qui, par son dévouement et sa compétence, nous a permis de la mener à bien. Nous le remercions ainsi que Jacqueline M.C. THOMAS et Luc BOUQUIAUX qui, eux aussi, ont grandement favorisé cette recherche.

Cet ouvrage est une version épurée de la thèse universitaire. La partie historique sur le royaume du Kanem qui était contenue dans l'introduction ainsi qu'un lexique qui se trouvait en annexe ont été supprimés.

0.1. Le [kànʊ̀mbʊ̌] ou encore [kànʊ̀mbʊ̀kànʊ̀mbʊ́] "kanembou" est la langue parlée au Tchad par les [kànʊ̀mbʊ́] "Kanembou" qui habitent pour la plupart dans le [kɜ̌n'ūm] "Kanem" (Carte 1). Nous emploierons désormais la dénomination administrative pour désigner les habitants, la langue et le pays.

La langue étudiée est celle des Kanembou Ngaldoukou [kànʊ̀mb'ʊ̄-ngáldəkk'ə̄] parlée essentiellement dans le canton de Nguéléa [ngɜ̀lɜ̀yɜ̌] "à papyrus" appartenant à la préfecture du Lac (Lac Tchad).

0.2. Cette introduction décrit rapidement le pays kanembou (plus précisément d'ailleurs le canton de Nguéléa) et les habitants qui l'occupent. Nous examinons ensuite des données plus linguistiques : classification de la langue, aperçu sociolinguistique.

LOCALISATION – ACTIVITÉS AGRO-PASTORALES

0.3. Le territoire du Kanem, unité à la fois historique[1] et géographique, a été divisé en deux préfectures (août 1960) : préfecture du Kanem (chef-lieu : Mao), préfecture du Lac Tchad (chef-lieu : Bol) (Carte 1)[2].

La région qui nous intéresse appartient à la préfecture du Lac que nous appellerons désormais Sud-Kanem, conformément à la dénomination en vigueur (Carte 2). L'aire sur laquelle nous nous sommes fixé est délimitée par le canton de Nguéléa, intégrée à la sous-préfecture de Bol (Carte 3)[3].

Le climat du Sud-Kanem est de type sahélien avec de rares précipitations 300 mm de juillet à septembre. L'année se divise ainsi :

[kúll ɜ́ttɜ̀]	saison sèche et froide (novembre - janvier).
[gəlβàí]	saison sèche et chaude (février - mai).
[ngìlí]	saison des pluies (juillet - août - début septembre).
[ngèí]	courte saison durant laquelle souffle un vent appelé [cɔ́rˈɔ] qui sèche la récolte de mil.
[bɛ̀álˈā]	saison des récoltes.

0.4. Situé entre le 13ème et 14ème parallèle, le Sud-Kanem est un territoire au relief formé de dunes fixées par une "pseudo-steppe graminéenne". Ces dunes sont orientées nord-ouest, sud-est. Sur le littoral septentrional et oriental, lorsque les eaux du lac les pénètrent, elles forment de nombreuses îles.

Il s'agit en fait d'un erg (erg du Kanem) qui retient les eaux du lac Tchad ; en effet, le lac est plus élevé par rapport au nord-est du bassin du Tchad. D'ailleurs, lorsque le Bahr el Ghazal unissait le lac Tchad au Djourab, il était effluent au lac.

Le sommet des dunes est aride et sableux; l'habitat y est groupé sur le versant sous le vent. La terre autour du village est peu propice à la culture si ce n'est la culture du mil pendant la saison des pluies.

---

[1] L'empire du Kanem-Bornou est ancien; on donne généralement le IXème siècle comme date de son origine. A l'exception d'une trêve d'un siècle (fin XIVème - fin XVème), pendant laquelle elle se réfugia au Bornou, la dynastie du Kanem-Bornou règnera sur ce territoire jusqu'au milieu du XIXème siècle.

[2] Les cartes sont extraites de la thèse de C. BOUQUET qui concerne l'aspect géographique du Sud-Kanem, *Iles et rives du Sud-Kanem* (Tchad), Etude de géographie régionale, Centre d'études de géographie tropicale, n°13, C.N.R.S.

[3] La deuxième sous-préfecture étant celle de Ngouri, située à l'est de celle de Bol (cartes 2 et 3).

Après la saison des pluies, après la récolte du mil, le bétail reste sur ces champs. Les paysans préparent ainsi le sol pour la prochaine saison des pluies, qu'ils rendent fertile grâce à la fumure animale.

0.5. Entre les dunes, on distingue deux types de dépressions :

- Les dépressions exondées depuis longtemps. Dès la décrue du lac, les terres très riches en fertilisant sont mises en culture. On y fait parfois deux cultures de maïs et très rarement du sorgho. Ces terres sont en général situées près des îles.
- Les dépressions qui ont autrefois fait partie du lac. On les appelle des "ouadi" et sont actuellement coupées du lac. Ces terres noires sont elles aussi très riches. La nappe phréatique peu profonde ou la technique du "chadouf" permet au paysan de faire trois cultures par an (blé en mars, maïs en juillet et en octobre-novembre).

0.6. Les populations du lac eurent l'idée de barrer les bras du lac qui s'avançaient profondément au milieu des dunes. Quelques années après, l'évaporation de l'eau était totale, de nouvelles terres très riches pouvaient être mises en valeur. L'administration coloniale reprit ce système de création d'"ouadi" artificiel qu'elle appellera polder.

0.7. Les Kanembou Ngaldoukou comme les autres Kanembou sont aussi des éleveurs de bovins, d'ovins et de caprins pour les moins riches. La commercialisation de la viande s'effectue avec le Nigeria. L'élevage noble, le cheval, concerne le chef de canton et son entourage.

0.8. Outre ces activités, il nous faut signaler celle de l'exploitation traditionnelle du natron, carbonate complexe de sodium, utilisé comme sel de cuisine ou pour ses qualités toniques. Tout comme leurs voisins des îles, les Boudouma (*infra* 0.9., note 8), chargaient, avant l'arrivée des Français, les Haddad[4] de toutes les activités de la pêche[5], excepté la commercialisation, les Kanembou les ont attachés à l'exploitation des "ouadi" à natron. La commercialisation s'effectue avec le Nigeria, le Niger et la République Centrafricaine.

---

[4]Les Haddad sont une caste servile que l'on retrouve dans tous les groupes ethniques de la région sahélienne. Ils sont confinés dans des activités que les "suzerains" jugent méprisables : pêche, chasse, griot musicien et artisanat : forgeron, tanneur, cordonnier, tisserand, teinturier. Les femmes sont potières. Ils n'ont pas de langues propres, semble-t-il, et utilisent celle de l'ethnie à laquelle ils sont attachés.

[5]De façon générale, les Kanembou ne sont pas des pêcheurs.

POPULATION

0.9. Pour la recherche d'une aire d'unité linguistique, on pourrait douter du découpage administratif que nous avons pris en compte, qui semble en effet relever plus du droit territorial de la France que des réalités sociolinguistiques de la région. Il n'en est rien en ce qui concerne l'unité ethnique et linguistique du canton de Nguéléa, essentiellement peuplé de Kanembou Ngaldoukou[6].

Les autres fractions kanembou sont très minoritaires dans ce canton. Et les autres ethnies sont faiblement représentées. Nous trouvons une centaine de Sara[7], autant d'Arabes, de Bornouan (Kanuri) et de Kouri[8].

0.10. Cette unité ethnique et dialectale se retrouve dans tous les cantons de la sous-préfecture de Bol (Carte 3).

Canton de Bol	Boudouma essentiellement (*supra* 09, note 8).
Canton de Nguéléa	Kanembou Ngaldoukou.
Canton de Ngarangou	Kanembou Kadjidi.
Canton de Liwa	Kanembou Koubouri et Ngaldoukou.
Canton de Tataverom	Boudouma.
Canton de Limboy	Boudouma.

0.11. Nous ne présentons pas systématiquement cette unité dans les cantons de la sous-préfecture de Ngouri que nous connaissons peu.

Canton d'Isseirom	Kouri-koura.
Canton de Dibinentchi	Kanembou Nguigim.
Canton de Baderi	Kanembou Badé.

Par ailleurs, cette unité n'existe pas dans le canton de Ngouri et dans le groupement de Malloum.

0.12. Outre le canton de Nguéléa où ils sont fortement majoritaires (environ 4500) et le canton de Liwa où ils sont presque aussi nombreux que les Kanembou Koubouri (2000 et 2500), les Kanembou - Ngaldoukou se trouvent aussi dans les cantons de Limboy (environ 300), de Kangalom (une cinquantaine environ) où ils sont très minoritaires. La

---

[6]L'administration coloniale n'a pas toujours créé des cantons artificiels. En pays de sultanat comme chez les Kanembou, elle a su utiliser les anciennes institutions en plaçant des administrés déjà reconnus mais qui devenaient dès lors des représentants de l'administration coloniale.

[7]Infra. O.21. GREENBERG classe le sara dans la cinquième branche qu'il nomme "Chari-Nile" de la famille Nilo-saharienne (5. B.1). Ces quelques Sara ne sont pas dans cette région de leur propre gré. Ils représentent en effet les cadres administratifs et leurs familles envoyés de la capitale.

[8]D'après CAPRILE et JUNGRAITHMAYR (1973), le Boudouma et le Kouri sont classés dans le sous-groupe 1, dit "Kotoko-buduma" du groupe Centre-Est.

population des Kanembou-Ngaldoukou s'élèverait donc à 7000 habitants environ.

La distribution des habitants par fraction kanembou s'établit dans la préfecture du Lac de la façon suivante[9] :

Badé	2000 à 3000.
Kadjidi	5000 à 6000.
Kenguina	1500 à 2500.
Koubouri	2000 à 3000.
Maguimi	1000 à 2000.
Nguiguim	5000 à 6000.

Les Kanembou du Lac représenteraient donc une population de 27000 habitants. Il faut ajouter à ce chiffre celui (10 000 environ) qui regroupe tous les clans très minoritaires et secondaires dont une enquête précise nous dirait dans quels groupes ils se répartissent ; et enfin celui des Haddad[10].

0.13. Selon A. LE ROUVREUR (1962) le nombre des Kanembou au Tchad s'élèverait à 65 000 (Haddad non compris). Leurs voisins Boudouma et Kouri situés respectivement dans les îles occidentales et orientales atteignent 20 000 et 8 000 habitants. Toujours selon LE ROUVREUR, les Bornouans ou Kanuri, dont la majeure partie de la population occupe la partie occidentale et méridionale du lac (Niger - Nigeria) s'élèverait au Tchad, entre les régions du Kanem et du Chari - Baguirmi à 15 000 habitants.

Il semblerait qu'après les Arabes (noirs et blancs, 326 000), les Toubou du B.E.T. (Borkou, Ennedi et Tibesti) et du Kanem (120 000), et les Maba (et apparentés) du Ouadaï (170 000), les Kanembou représentent l'un des plus grands groupes musulmans du Tchad.

---

[9]Les chiffres que nous donnons sont très approximatifs. Pour une enquête plus précise, cf. C. BOUQUET, enquête ethnodémographique en cours.

[10]Nous pensons effectivement qu'il est nécessaire d'inclure les Haddad qui parlent la même langue. En effet, même si à l'origine il formait (peut-être ?) une ethnie à part entière, ils sont intégrés aujourd'hui dans différentes ethnies au sein desquelles ils représentent une classe ou une caste qui relève plus dans l'état actuel de la société, d'une fonction économique que d'une ascendance. Sans nier la fonction des origines raciales encore vivement vécues, il semblerait que l'insertion économique soit le critère (du moins apparent) de différenciation raciale.

LE KANEMBOU ET LES LANGUES DE LA FAMILLE SAHARIENNE

Présentation historique des classifications

0.14. C'est à BARTH (1854) que nous devons l'identification des relations entre le kanuri et le téda dans une lettre à Lepsius datée du 18 janvier 1853 (cf. GREENBERG, 1971, p. 425). A partir de cette première unité qui n'a jamais été remise en cause, on peut distinguer deux types de classification, l'une proposée par M. DELAFOSSE et A. CAQUOT et l'autre par J. LUKAS.

0.15. En 1924, Maurice DELAFOSSE (1924) proposait de classer les langues que l'on appelle aujourd'hui de l'est saharien, dans un groupe qu'il nomme Nilo-Tchadien comprenant trente-cinq langues.

Cette typologie a été partiellement conservée par DE LAVERGNE DE TRESSAN (1953). En effet, cet auteur intègre abusivement dans ce groupe le buduma (ou yedina) que DELAFOSSE classait dans le groupe Nigéro-Tchadien avec des langues comme le kotoko et le massa.

0.16. En 1936, Johannes LUKAS présente le groupe kanuri :

1. todaga (parlé principalement dans le Tibesti).
2. dazzaga (parlé au sud du Tibesti, dans le Bahr el Ghazal et la partie nord du Kanem.
3. kanuri (parlé au Bornu) et les dialectes kanembu (parlé dans le sud kanem ainsi qu') l'ouest et au nord est du lac Tchad).

Plus tard, en 1939, LUKAS élargit ce groupe en montrant qu'il existe une parenté entre le kanuri et le téda d'une part et le zaghawa et le berti de l'autre.

0.17. Cette classification est respectivement reprise par :

- H. BAUMANN et D. WESTERMANN (1948) : Pour WESTERMANN qui a rédigé la partie linguistique, le groupe kanouri est l'un des sept groupes de la section "des langues de l'intérieur du Soudan", section qui représente l'un des quatre grands groupes de ses langues soudanaises.

- A.N. TUCKER et M.A. BRYAN (1956) : Ces chercheurs modifient le nom de la famille en l'appelant "The East Saharan Languages". Le terme "Est-Saharien" a été introduit par J. LUKAS (1963), "Ostsaharanisch", dans son étude sur les types de conjugaisons verbales de kanuri, du téda et du zaghawa. Par ailleurs, ils divisent la famille en deux groupes :
  . l'un dit de l'ouest : kanuri, kanembu, tubu, tuda.
  . l'autre dit de l'est : zaghawa dont ils posent la question de savoir si le bideyat et le berti en sont des dialectes.
- J.H. GREENBERG (1963) qui change à son tour le nom de la famille en proposant le terme "saharan".

En 1971, GREENBERG, s'appuyant sur les travaux de PETRÁČEK (1965, 1966), et de TUBIANA (1963) répond aux questions de TUCKER et BRYAN.
  . Le berti est une langue distincte des autres du groupe saharan.
  . Le bideyat est une variété dialectale du zaghawa.

Classification des langues sahariennes

0.18. L'unité génétique de ces langues étant acquise, il nous suffira de présenter la dernière classification celle de GREENBERG (1971).

Saharan

1. *kanuri*
1.1. kanuri
1.2. kanembu

2. *teda* ou *tubu*
2.1. teda (ou tuda) désignant les dialectes du nord
2.2. daza désignant les dialectes du sud

3. *zaghawa*[11]
3.1. tuer-gala
3.2. jobe-kapka
3.3. dirong-guruf et bideyat

4. *berti*

0.19. Il est à noter que contrairement à TUCKER et BRYAN, GREENBERG (1971 : 425) envisage le kanembou comme une variété du kanuri distinguant ainsi deux langues historiques : kanembou / empire du Kanem, kanuri / empire du Bornou :

> "[...] *Kanuri proper, which has by far the larger number of speakers, and Kanembu, spoken in and around Nguigmi in Niger north-west of Lake Chad. Kanembu was once more widely spoken, e. g. in Nigeria and was the language of the important medieval empire of Kanem while Kanuri is basically the language of its successors state, Bornu*".

0.20. Avec GREENBERG (1963 : 130-148, 1971 : 421 ss) l'unité dite "Saharan" n'est pas autonome comme l'était celle dite "East-Saharan" (*supra* 0.26.).

Elle appartient à une grande famille qu'il appelle "Nilo-Saharan" et qui désigne l'une des deux grandes familles parlées par des populations négroïdes, l'autre étant la famille Niger-Kordofanian.

L'aire géographique d'extension de ces langues est délimitée par GREENBERG lui-même de la manière suivante (1971 : 421) :

> "*In general the Nilo-Saharan languages lie to the east and north of the vast Niger-Congo branch of Niger-Kordofanian and cover much of the eastern Saharan, the upper Nile valley and country north, east and southeast of Lake Victoria in East Africa. Languages of this family are likewise spoken in the northeastern part of Congo Kinshasa and farther west in the basin of the Chari River. The extreme western outlier is the Songhai of the Niger valley in West Africa*".

0.21. GREENBERG (1966, 1971) établit la classification suivante :

NILO-SAHARAN

1. Songhai

[11] La division du zaghawa en trois dialectes est celle proposée par TUBIANA (1968 : 10). Elle ne figure pas dans le classement de GREENBERG.

2. *Saharan* : Kanuri, Teda, Zaghawa, Berti

3. Maba

4. Fur

5. Chari-Nile

   A. *Eastern Sudanic*
      1. Nubian
      2. Didinga - Murle
      3. Barea
      4. Tabi
      5. Nyimang
      6. Temein
      7. Tama
      8. Daju
      9. Nilotic (a) Western, (b) Eastern, (c) Southern
      10. Teuso

   B. *Central Sudanic*
      1. Bongo - Bagirmi
      2. Kreish
      3. Moru - Madi
      4. Mangbetu
      5. Mangbetu - Efe
      6. Lendu

   C. Berta

   D. Kunama

6. Coman

QUELQUES ASPECTS SOCIO-LINGUISTIQUES[12]

0.22. Trois types de langues, officielle (le français), véhiculaire (l'arabe) et vernaculaire (un certain nombre de langues parmi lesquelles le kanembou), définis par des fonctions spécifiques, sont attestés au Tchad. La séparation fonctionnelle entre ces types de langues est assez bien marquée. La complémentarité s'établit entre le français, langue politique, des sciences, de l'enseignement, de l'administration (caractère officiel) et les langues africaines couvrant un champ plus spécifiquement local. Au sein de ce dernier s'établit une complémentarité entre la langue véhiculaire et les langues vernaculaires.

[12] Pour des informations plus substantielles à propos de la situation socio-linguistique du Tchad, on pourra se reporter à F. JOUANNET (1978a).

0.23. Le français

Le français, langue officielle, employée à l'exclusion de toutes les autres dans les instances politiques et administratives n'est quasiment jamais parlé par les Kanembou. Quelques chiffres (extraits des *Statistiques scolaires* du service de la planification et de la carte scolaire, année 1974-1975) nous permettront de mieux saisir cette réalité. Pour une population de 136 000 habitants dans la préfecture du Lac (comprenant l'ensemble des ethnies kanembou et non kanembou), on ne compte que 1522 élèves soit 1,1% de la population.

Ces 1522 écoliers de l'école primaire (1078 garçons et 440 filles répartis dans 61 classes) représentent 0,8 % des 181 442 élèves dans le pays soit le pourcentage le plus faible après celui du B.E.T. (Borkou, Ennedi, Tibesti). Ces élèves sont répartis dans dix-sept écoles publiques (aucune école privée), dix dans la sous-préfecture du Bol et sept dans celle de Ngouri.

Les chiffres sont encore plus explicites si l'on considère la scolarisation des préfectures du Kanem et du Lac :

	Population au 10.06.75	*Population Scolarisable*	*Population Scolarisée*	*Taux de Scolarisation*
KANEM	202 000	40 400	1 842	4,5
LAC	136 000	27 200	1 324	4,8

0.24. Si l'on suit l'évolution des effectifs, on s'aperçoit qu'en dix ans le nombre des scolarisés n'a pas augmenté de 500 élèves dans chacune des préfectures.

	1966 1967	*1967 1968*	*1968 1969*	*1969 1970*	*1970 1971*	*1971 1972*	*1972 1973*	*1973 1974*	*1974 1975*
KANEM	1 580	1 598	1 611	1 522	1 598	1890	1792	1842	1987
LAC	1 020	1 175	1 294	1 210	1 576	1177	1287	1324	1522

Par ailleurs, notons qu'il n'y a pas d'enseignement secondaire et technique dans la préfecture du Lac. Le seul établissement secondaire se trouve dans la préfecture du Kanem à Moussoro (C.E.G.).

0.25. L'arabe

Les influences de l'arabe et de l'Islam qui ne sont pas nécessairement simultanées, l'une pouvant précéder l'autre, sont anciennes. MAUNY (1970 : 185) rappelle que

"du XIIème jusqu'au XVème siècle, les Arabes eurent le monopole presque absolu des contacts avec l'Afrique Noire"
et note que l'existence des grands Etats du Mali, du Songhaî et du Kanem-Bornou est liée
"à l'Islam et aux Arabes en dernier ressort".

Cette influence se retrouve dans la langue kanembou à travers les emprunts à l'arabe[13].

	KANEMBOU
Nombre total d'unités lexicales recensées	1 600
Nombre total d'emprunts supposés	321
Emprunt d'origine arabe	113
Pourcentage par rapport à l'ensemble des unités lexicales	7 %
Pourcentage par rapport au nombre total d'emprunts	35,1 %

L'autonomie des Kanembou par rapport à l'arabe est clairement manifestée par les locuteurs qui refusent de parler cette langue, dans la région du lac, la réservant à des fonctions religieuses.

0.26. Le kanembou

En situation intra-ethnique, le kanembou est généralement utilisé.

En situation inter-ethnique, il convient de distinguer deux aires géographiques dont les limites sont marquées par l'emploi d'une langue véhiculaire différente :

- le nord du Kanem.
- le sud du Kanem (préfecture du Lac).

0.27. *Le nord du Kanem*

Dans le nord du Kanem, les populations en présence sont les Toubou ou Goran (dénomination arabe) : Téda, Daza, Kréda, puis les Kanembou et les Arabes.

[13] Les emprunts n'ont pas été pris en compte lors de l'analyse phonologique.

Il semblerait que la langue utilisée dans les échanges inter-ethniques soit le goran que nous appelon ainsi, non seulement parce que les locuteurs appellent cette langue ainsi, mais aussi parce que nous ne sommes pas en mesure de préciser de quel dialecte toubou[14] il s'agit.

0.28. *Le Sud du Kanem*

Dans le Sud du Kanem, outre les populations du nord, on trouve des Boudouma et des Kouri situés dans les îles du Lac Tchad et parlant des langues appartenant au groupe "tchadique" de la macro-famille dite Afro-Asiatique de GREENBERG.

Dans cette région et en particulier dans la préfecture du Lac, très peu de Kanembou parlent l'arabe, à l'exception des "goumiers" et de quelques notables. Les Kanembou parlant l'arabe ont généralement vécu en milieu urbain, la capitale, ou ont été scolarisés ailleurs que dans le territoire. A l'intérieur de cette aire, le kanembou est la langue utilisée dans les relations inter-ethniques :

- Les Kouri et les Boudouma utilisent le kanembou dans leurs rapports avec, outre les Kanembou, les Goran.
- Les Goran contrairement à leurs "parents" du nord utilisent eux aussi le kanembou.
- Il y a peu d'Arabes; ils utilisent le kanembou ou le goran.

0.29. Le particularisme de ces deux langues véhiculaires liées à des territoires ethniques peut être un élément pour nous faire considérer le kanembou et le goran comme des langues véhiculaires secondaires ou régionales.

Il est donc nécessaire de faire la distinction entre langue véhiculaire principale (arabe) et secondaires (kanembou, goran) qui nous amène à poser une dichotomie plus précise :

- langues véhiculaires micro-interethniques (pour quelques ethnies deux ou trois).
- langues véhiculaire macro-interethnique (pour des nombreuses ethnies).

0.30. En milieu urbain, la fonction véhiculaire du kanembou disparaît et lorsque un Boudouma et un Kanembou se rencontrent, ils utilisent l'arabe.

Dans la capitale, une enquête rapide et parcellaire qu'il serait nécessaire d'approfondir, sur l'utilisation des langues au marché, montre que l'arabe est le plus souvent utilisé :

[14] Le toubou est un terme générique qui recouvre les dialectes du nord (région du Tibesti) : différents dialectes Téda, et du sud : dialectes daza ou encore kréda. Le terme toubou a été introduit par LUKAS, et conservé par TUCKER et BRYAN.

- entre un Kanembou et un Arabe : la communication s'effectue en arabe.
- entre un Kanembou et un Sara : en arabe, en français si le Sara ne connaît pas l'arabe; emploi de quelques mots sara.
- entre un Kanembou et un Boulala : en arabe.
- entre un Kanembou et un Hadjeray : en arabe.
- entre un Arabe et un Sara : en arabe, en français; emploi de quelques mots sara.
- entre un Arabe, un Boulala ou un Hadjeray : en arabe.
- entre un Sara et un Hadjeray ou un Boulala : en arabe.
- entre un Boulala et un Hadjeray : en arabe, alors qu'il semblerait qu'ils communiquaient autrefois en boulala ou dans une des langues du pays Hadjeray.

Il apparaît donc que l'arabe est toujours utilisé. Aucune autre langue n'est parlée si ce n'est le français utilisé par les Sara (rarement au demeurant) comme substitut de l'arabe[15].

0.31. Le champ fonctionnel du kanembou, soit l'ensemble de ses fonctions[16], est donc défini ainsi :

- de façon générale comme tous les vernaculaires, sa fonction principale est d'être une langue de groupe, de communication intra-ethnique.
- de façon plus particulière, dans le sud Kanem, le kanembou assume une fonction véhiculaire permettant essentiellement la communication entre Boudouma et Kanembou.

LES CONDITIONS DE L'ENQUÊTE ET LES INFORMATEURS

0.32. L'enquête a été menée de Avril 1975 à Juin 1975. Elle s'est poursuivie de Novembre 1975 à Juin 1976.

En dépit de nombreuses difficultés matérielles, nous avons pu nous rendre plusieurs fois dans le canton de Nguéléa où nous avons enregistré les traditions orales des Ngaldoukou : chants, chantefables, contes, proverbes, épopées. Cela nous a permis d'effectuer certaines vérifications qu'il était impossible d'envisager en milieu urbain. Le travail le plus important a été fait dans la capitale, N'Djamena, avec les rares informateurs qu'il était possible de rencontrer.

---

[15]Ces situations de communication entre des locuteurs d'ethnies différentes ne sont pas exhaustives et ne représentent que celles que nous avons pu relever.
Ces faits ont été enregistrés dans la partie occidentale du marché principal de la capitale où les étalages appartiennent aux Kanembou, Boulala, Arabe, Bornouan, Haoussa.

[16]Par "fonction", nous entendons l'utilisation stable d'une langue, donc une relation institutionnalisée entre les langues et les groupes sociaux qui les utilisent.

0.33. Les premières approches de la langue ont été faites en collaboration de jeunes hommes qui se sont très vite lassés de l'exercice mais qui nous ont tout de même permis de faire les premiers pas. Nous remercions ces obligeants de la première heure qui nous sont devenus inconnus.

Nous avons ensuite travaillé avec un étudiant DJIBROULA OUMAR qui a dû nous abandonner, occupé à poursuivre des études d'arabe. Ce garçon, originaire d'un petit village situé à quelques kilomètres de Nguéléa, a fait une partie de ses études secondaires à Abéché (Ouaddai) et vivait en milieu kanembou dans la capitale au moment où nous l'avons rencontré. Il nous fut d'un grand service lors de l'enquête sur les emprunts à l'arabe, ne mélangeant pas arbitrairement les deux langues, kanembou, arabe. Nous avons pu nous en rendre compte lors de vérifications postérieures effectuées dans le village des Nguéléa.

0.34. Notre informateur principal et fort dévoué à la description de sa langue fut et est toujours MBODOU ABDOU, appelé May par ses proches.

Lorsque nous l'avons rencontré pour la première fois, il venait à peine d'arriver dans la capitale. Il avait auparavant passé trois ou quatre années dans le Kanem à Moussoro où il était au C.E.G., retournant souvent dans son village natal, Nguéléa, relativement proche. Ce jeune homme de dix-sept ans, toujours écolier, connaît bien sa langue, ne sait que quelques mots d'arabe et se fait entendre dans la langue des Goran (Toubou). Nous devons à May notre contact ininterrompu avec la réalité de la langue et de la société kanembou. Nous tenons à le remercier très chaleureusement pour son dévouement sans égal.

0.35. D'autres informateurs ont été souvent consultés tous originaires du canton de Nguéléa, fortement urbanisés, parmi lesquels nous devons citer plus particulièrement :

- Mamadou Wolli dont le rôle a été fondamental dans la prise de contact avec la communauté ngaldoukou. Lycéen en classe de première, ses études l'ont empêché de travailler systématiquement avec nous.
- Mahamat Idriss.

0.36. Le profil sociolinguistique de nos informateurs se ramène à trois paramètres : ce sont de jeunes locuteurs, tous scolarisés, et devenus citadins. Ces faits sont importants car il est indubitable que la prise en compte des parlers de locuteurs appartenant à d'autres générations ou de Ngaldoukou ruraux apporterait des faits nouveaux dans les données qui ont servi de base à l'analyse.

Nous avons néanmoins signalé ces différences qui ne sauraient être ignorées ou assimilées à des variations que l'on ramènerait à un système "moyen".

BIBLIOGRAPHIE DU KANEMBOU

Les travaux linguistiques concernant le kanembou sont rares.

0.37. KOELLE (S.W.) - 1854, *Polyglotta Africana ; or a comparative vocabulary of nearly three hundred words and phrases, in more than one hundred distinct african languages*, London, Church Missionnary House, 188 p. carte.

- 1963, Reprint with historical introduction by Hair, P.E.H., London.

On trouve parmi ces langues un vocabulaire d'une langue appelée [kánèm] (kanembou) utile dans la perspective d'un travil diachronique. Ainsi, on remarque que la fricative sourde [f] du kanembou parlé de nos jours s'est substituée à l'occlusive sourde [p] que notait KOELLE.

0.38. LUKAS (J.) - 1931, *Die Sprache der Káidi-Kanembú*, 13, Beiheft zur Zeitschrift für Eigeborenen-Sprachen, Berlin, 116 p.

- 1969, Krauss Reprint, Nendeln, Liechtenstein.

Le kaidi-kanembu (parlé essentiellement dans le canton de Ngarangou, sous-préfecture de Bol, *supra* 0.10. et carte 3) est proche du dialecte des Ngaldoukou ainsi que de celui des Kogono ou [kɔ́ɔ́nɔ́] de Mao (Kanem), dialecte que nous avons étudié rapidement.
Le travail de Johannes LUKAS ne se situe pas dans la même perspective que la nôtre. Il s'agit d'une monographie générale où le domaine phonologique n'est pas abordé. LUKAS, en effet, privilégie une démarche de comparatiste dans laquelle le kanembou est confronté au kanuri.
Ce travail se compose de la manière suivante :
- une courte introduction (p. 5-9);
- une étude phonétique (p. 10-24);
- un chapitre concernant la morphologie qui représente la partie la plus importante de l'ouvrage (p. 25-63);
- quelques textes (p. 62-102) et un lexique (p. 103-116).

0.39. LUKAS (J.) - 1959, Mitteilungen über die Stamme und Sprachen der östlichen Kanembou (Tchadseegebiet), *Africa und Übersee*, t. 43, p. 106-115.

L'auteur présente les différences entre deux variétés dialectales du kanembou, celle de l'est et celle de l'ouest. Trois textes dans le dialecte de l'est y sont proposés avec quelques notes grammaticales. Cet article s'achève par un court lexique kanembou - allemand.

0.40. HUTCHISON (J.P.) - 1970, *Lexique kanembou et exercices*, Virgin Islands Training Center, 1. Lexique (61 p.), 2. Exercices (120 p.), (Informateur MAMADOU KOURTOU).

L'auteur ne précise pas le nom du dialecte présenté; il pourrait s'agir du kanembou parlé à Bol.
Ce travail, selon les propres termes de l'auteur, a été effectué rapidement. Il s'agit d'une oeuvre pratique et ponctuelle dont le but était de préparer quelques volontaires du "Corps de la paix" à vivre et à travailler sur les rives du lac Tchad. Aussi les tons ne sont-ils pas notés et la phonétique est souvent précaire. Il est regrettable que l'auteur n'ait pu poursuivre ses recherches car il lui aurait été aisé, nous semble-t-il, de systématiser sa grande familiarité de la langue kanembou qu'il parle sans grandes difficultés.

1. LES PRINCIPES DE L'ANALYSE

1.1. L'analyse a été pratiquée à partir d'un certain nombre de principes. Nous les présentons dans cette introduction en précisant les raisons pour lesquelles nous les avons adoptés.

- Nous partons d'un *inventaire phonétique* où deux classes sont d'emblée posées, celle des consonnes et celle des voyelles.

- La détermination de l'inventaire des phonèmes passe par une *analyse distributionnelle* dont il conviendra de préciser le modèle.

- Ainsi l'inventaire phonétique n'est pas soumis à l'*épreuve de la commutation* pour déterminer les unités distinctives : les phonèmes. L'épreuve de la commutation ne deviendra légitime qu'une fois établis les paradigmes dans lesquels entrent les éléments, c'est-à-dire une fois l'analyse distributionnelle effectuée. L'épreuve de la commutation présuppose donc l'analyse distributionnelle.

- Les fondements méthodologiques de l'analyse sont ceux de la phonologie classique en ce sens qu'au terme de l'analyse distributionnelle, les phonèmes seront définis et classés d'après leurs *traits distinctifs*.

- Les *unités segmentales et supra-segmentales* sont traitées en des chapitres différents impliquant ainsi que les unes et les autres ne sont pas justiciables des mêmes procédés de segmentation.

Nous développons chacun de ces points.

INVENTAIRE PHONÉTIQUE

1.2. Chaque élément de chaque classe, consonnes et voyelles, est caractérisé positivement se distinguant ainsi entre eux par leurs qualités propres.

L'inventaire phonétique des consonnes et des voyelles en kanembou est le suivant :

1.3. Consonnes

		Labiales	*Dentales*	*Palatales*	*Vélaires*	*Glottales*
Occlusives	*sourdes*	p	t	c	k	?
	sonores	b	d	j	g	
Nasales		m	n	ɲ	ŋ	
Spirante		β				
Continues	*sourdes*	f	s	ʃ		h
	sonores	w		y		
Liquide			l			
Vibrante			r			

Nous utilisons les abréviations suivantes référant aux phonèmes définis par leur rôle dans la syllabe :
- V représente un élément de l'ensemble des voyelles
- C représente un élément de l'ensemble des consonnes

1.4. Voyelles

	ANTERIEURES	*CENTRALES*	*POSTERIEURES*	
1er degré d'aperture	i		u	*tendues*
2ème "	ɪ		ʊ	*relâchées*
3ème "	e		o	*tendues*
4ème "	ɛ	ə	ɔ	*relâchées*
5ème "		ɜ		*tendues*
6ème "		a		*relâchées*

1.5. Les symboles utilisés sont empruntés à la notation proposée par l'A.P.I. (Association de Phonétique Internationale) à l'exception du son noté [j] par l'A.P.I., que nous transcrirons [y] et du [ɟ] que nous transcrivons [j], selon l'usage des africanistes (International Africain Institute, I.A.I.).

Une analyse phonétique plus précise sera faite lors de la présentation des commutations. L'étude de la substance dont est constituée chaque élément de cet inventaire est envisagée après l'analyse distributionnelle.

D'après ce tableau, il n'est pas dit :

- que l'ensemble des sons présentés soit pertinent à l'issue de l'analyse.
- qu'il ne faille pas les compléter par des phonèmes que l'analyse aura déterminés.

LES MODALITÉS DE L'ANALYSE DISTRIBUTIONNELLE

1.6. L'exposé de cette question est présenté en deux parties :

- les prémisses de l'analyse distributionnelle.
- la procédure de l'analyse distributionnelle.

1.7. Les prémisses de l'analyse distributionnelle. Il est posé que la langue est une totalité faite d'un réseau de dépendances qui s'articulent en fonction d'une succession hiérarchique[17] de trois unités : le mot ou unité accentuelle, la syllabe, le phonème.

1.8. L'unité accentuelle ou mot.

L'énoncé en kanembou peut être segmenté en mots définis par trois caractéristiques :

- un trait phonique : l'harmonie vocalique ne joue pas au-delà de cette unité.
- un trait culminatif : un accent d'intensité et un seul frappe l'une des syllabes de l'unité.
- un trait démarcatif : ils sont délimités par des pauses réalisées ou non.

[17] Hiérarchique en ce sens que l'unité accentuelle est l'unité la plus grande servant de cadre à l'analyse et que chaque unité est entièrement constituée d'unités de rang inférieur.

ex. # tád'ā # k'āmmàyɛ̀ #
"un garçon de la personne"

1.9. La syllabe

A l'intérieur du mot, nous posons l'existence d'une unité plus petite, la syllabe. Elle est divisée en deux parties, l'une le centre ou noyau syllabique (voyelle), l'autre la marge ou marge consonantique (consonne). Chacune des parties de la syllabe est structurée en paradigmes. Les marges de la syllabe sont constituées d'un paradigme prévocalique et d'un paradigme post-vocalique; le centre syllabique de trois paradigmes. Chaque paradigme est défini par sa position syntagmatique au sein de la syllabe. Nous préciserons autant qu'il est possible le type de relation existant entre les paradigmes. Pour la syllabe, par exemple, il existe un rapport de présupposition unilatérale entre la partie centrale et la partie marginale prévocalique et post-vocalique (dépendance unilatérale). Les marges présupposent l'existence du noyau et non l'inverse.
Il n'y a pas de présupposition entre la marge prévocalique et la marge post-vocalique.

1.10. L'analyse de la syllabe passe par deux procédures : poser en premier lieu une base syllabique hypothétique à partir de laquelle on raisonne, et ensuite, définir les phonèmes à partir de leur fonctionnement dans la syllabe.
En dernière analyse la syllabe est ainsi une unité définie par les relations qu'entretiennent entre elles les unités minimales. Elle est donc l'unité centrale du procès en ce sens que l'inventaire des phonèmes est structuré dans ce cadre et que les syllabes possibles déterminent les signes possibles dans la langue.
Les règles de la structure syllabique déterminent la caractéristique structurale de la langue.

Remarquons que les signes qui ne suivent pas les règles relatives à la structure syllabique de la langue pourraient être un indice de l'emprunt d'un signe à des langues voisines. Nous disons que l'emprunt doit être confronté à cette structure syllabique, afin de voir s'il s'intègre ou s'il tend à l'influencer.

1.11. Le phonème

Les phonèmes, unités minimales, contractent des relations mutuelles définies par leurs positions dans la chaîne. Les possibilités combinatoires de chacun d'entre eux permettent de structurer leur inventaire en catégories. L'établissement des catégories de phonèmes est donc effectué à partir de critères distributionnels, chaque catégorie réunissant un ensemble de phonèmes ayant une distribution analogue.

1.12. Procédure de l'analyse distributionnelle.

Les deux classes, consonnes et voyelles, sont analysées séparément en des chapitres différents.

Certaines réalisations sont classées de façon arbitraire au départ : [w] et [y] sont classées dans un premier temps parmi les consonnes. L'analyse montrera si ces sons fonctionnent comme des consonnes ou des voyelles remettant en cause éventuellement le classement.

L'analyse est fondée sur la correspondance que nous postulons entre l'initiale d'unité accentuelle et l'initiale de syllabe d'une part, et d'autre part entre la finale d'unité accentuelle et la finale de syllabe. Nous pourrons ainsi obtenir un certain nombre de paradigmes qui nous permettront de poser une structure syllabique hypothétique et d'opérer une première segmentation.

Pour chacun des éléments de chaque classe (consonne et voyelle) nous dressons ensuite un inventaire des différentes positions qu'ils occupent au sein de la syllabe.
Les éléments occupant des positions analogues sont regroupés dans une même catégorie. [t] et [k] appartiennent à la même catégorie car ils sont attestés après une pause, jamais avant une pause.

1.13. Tous les complexes mb, nd, ty, ny, etc. sont considérés comme "suspects" et ne sont pas utilisés lors de l'établissement des catégories[18]. Ils sont envisagés en fonction des articulations simples.

Le classement d'une réalisation comme [nd] dans [ndátt'ǝ̄] "le fait de poser la première graine dans un champ", dépend en premier lieu de la structure de la syllabe : de combien de paradigmes est constituée la marge prévocalique de la syllabe, un, deux ou plus ? S'il est établi qu'elle n'en contient qu'un, le problème est résolu : l'ensemble complexe [nd] représente une seule unité. Si ce n'est pas le cas, deux paradigmes ou plus, il conviendra de se demander à quel paradigme appartient l'unité ou chacun des éléments qui la constitue, soit [n] et [d]. A partir de l'exemple précédent [ndátt'ǝ̄] et s'il est démontré que la marge prévocalique est constituée de deux paradigmes par exemple, les segmentations possibles de [nd] sont les suivantes :

[18]"Suspects" au sens où il n'est pas inutile de se poser le problème d'un ou deux phonèmes.

\# n.d.v. # où # = pause
\# nd.∅.v. # v = voyelle
\# ∅.nd.v. #

Les segmentations présentées mettent bien en évidence l'existence de deux paradigmes qui représentent la structure large de la marge prévocalique. ∅ marque l'existence d'un paradigme qui n'a pas de contenu réalisé; en effet, il n'est pas nécessaire que la langue utilise toujours et totalement ses potentialités structurales. Ainsi dans la perspective d'une marge prévocalique constituée de deux paradigmes, une unité accentuelle du type [nátt'ə̄] "le fait de s'asseoir" devra être représentée dans sa structure large comme :

~ # n.∅.átt'ə̄ #
\# ∅.n.átt'ə̄ #

La répartition du complexe [nd] dans un ou deux paradigmes est liée aux catégories de consonnes. Si l'unité a le même comportement que les éléments d'une catégorie, elle y sera admise. Dans le cas contraire, elle sera reconnue comme un ensemble composé d'une succession de deux unités distinctes.

1.14. L'élaboration des catégories d'éléments au sein de la syllabe permet d'en tester la validité.S'il s'avère qu'il est impossible de structurer l'ensemble des éléments en catégories au sein de la structure syllabique, on devra en soupçonner la validité. Une autre structure devra ainsi être proposée. Ce retour au point zéro de l'analyse est illustré lors de l'analyse distributionnelle des voyelles.

1.15. Une fois déterminées les catégories à partir de leur fonctionnement dans la syllabe, nous examinerons leur comportement intersyllabique qui nous permettra si nécessaire d'opérer des sous-catégorisations.

Ainsi en kanembou, la catégorie de consonnes [m, n, l, r] peut être divisée en deux sous-catégories, [m, n] catégorie définie comme n'entrant que dans des combinaisons de gémination, et [l, r] catégorie définie comme entrant dans des combinaisons de gémination et pouvant être suivie de consonnes.

L'analyse distributionnelle prend fin une fois achevé l'établissement des catégories et de leurs combinaisons.

L'ÉPREUVE DE LA COMMUTATION

1.16. L'identification des unités distinctives repose généralement sur la méthode de la commutation : il y a autant de valeurs distinctives que d'éléments de l'expression, qui, en se substituant en des contextes identiques, entraînent une modification du plan du contenu.

L'épreuve de la commutation est donc fondamentale. Cependant elle ne saurait s'appliquer directement sans tenir compte précisément des contextes, soit de la position des éléments opposés. L'application mécanique de l'épreuve de la commutation sans égard aux paradigmes dans lesquels entrent les unités que l'on veut opposer négligerait la structure de la langue en opposant des éléments qui ne le sont pas nécessairement. Les risques d'une telle opération apparaissent à l'examen des exemples empruntés au kanembou.

(a) [**dátt**'ə̄] "le fait de craindre"
(b) [**nátt**'ə̄] "le fait de s'asseoir"
(c) [**ndátt**'ə̄] "le fait de poser la première graine dans un champ"

Dans ces exemples, rien ne nous dit à priori si [**d**] de (a) s'oppose à [**n**] de (b) ou à [**nd**] de (c) perçue alors comme une seule unité, ou à chacun des éléments, pris individuellement [**n**] puis [**d**] de (c) ou à un seul d'entre eux; même chose pour [**n**] de (b).

Nous souscrivons aux remarques faites par HJELMSLEV qui affirme n'obtenir par l'épreuve de la commutation appliquée *a priori* que des préphonèmes :

> *"The phonematic inventory of a language must be found by studying the possible commutations, i.e. replacings of one value by another, as in baeth, faeth, haeth, raeth, etc. But the units we obtain by this method of commutation are not yet phonemes. I shall call them prephoneme. They may by further operations be reduced to phonemes" (1935 : 51).*

1.17. Nous pouvons donc reprendre la définition de la commutation en lui donnant un contenu négatif : dans une séquence de signifiés différents, toutes choses étant égales par ailleurs, deux sons en opposition ne sont pas forcément commutables et ne nous autorisent pas nécessairement à parler de deux phonèmes. Il ne s'agit pas d'une remise en cause du caractère oppositionnel des éléments minimaux mais de préciser que ce n'est pas parce que des éléments sont des unités oppositionnelles que le critère de validité de ces oppositions est mécaniquement l'épreuve de la commutation. Il paraît évident que si deux éléments s'opposent ils sont commutables ou inversement, ils le sont s'ils appartiennent effectivement à une même catégorie dont l'élaboration s'est effectuée sur la base d'une distribution syntagmatique de ces éléments, la posant ainsi comme catégorie homogène. Un élément est commutable s'il appartient à la même catégorie que les éléments qui lui sont opposés, soit que l'ensemble de ces éléments virtuellement opposables se situe dans une position analogue.

1.18. L'opération de la commutation présuppose l'analyse distributionnelle dont le rôle est d'établir la structure de la syllabe et les catégories de phonèmes.

L'assertion selon laquelle la langue est un système d'éléments qui constituent un réseau de relations nous engage plus qu'il n'y paraît dans la mesure où elle accorde une plus grande importance à des rapports, des dépendances, plutôt qu'aux éléments qui entrent en ceux-ci, au moins dans un premier temps. En conséquence, si nous n'éprouvons aucunement la répugnance de certains structuralistes comme BLOOMFIELD (1970) à utiliser la commutation, nous ne présentons pas de "paires minimales" comme opération de détermination des éléments pertinents. En toute logique, les "paires minimales" seront présentées après l'analyse distributionnelle, n'intervenant que comme opération de contrôle des résultats obtenus à partir de l'analyse relationnelle. A ce niveau de l'analyse la fonction de la commutation est explicite : elle sert à déterminer quels sont les traits constitutifs des phonèmes.

DÉFINITION ET CLASSEMENT EN TRAITS PERTINENTS

1.19. Après l'opération de la commutation, les phonèmes sont définis et classés en traits pertinents en fonction des catégories auxquelles ils appartiennent. Ils ne sont donc plus caractérisés relationnellement mais par des traits de substance. Nous présentons donc deux analyses complémentaires.

Dans un premier temps, l'analyse distributionnelle permet de dresser un inventaire de phonèmes caractérisés relationnellement et négativement en ce sens que chacun d'eux ne se confond pas avec les autres. Dans un deuxième temps, ces phonèmes sont caractérisés substantiellement et positivement par des traits propres qui les distinguent entre eux.

Les deux analyses nous ont paru nécessaires dans la mesure où elles nous permettent d'envisager la langue comme forme et comme substance.

PROSODIE[19]

1.20. L'analyse de la chaîne phonématique et de la chaîne prosodique sont dissociées. Nous avons séparé deux champs structurels qui, en kanembou, ont une relative autonomie et qui se décomposent selon leurs propres lois même s'ils sont imbriqués dans la communication lors d'un message unique.

1.21. A la différence de nombreuses langues africaines à tons, le kanembou est aussi une langue à accent d'intensité. Le chapitre prosodie est décomposé en deux parties :

a) Dans la première partie nous nous occupons non pas du mot phonologique comme lors de l'analyse phonématique mais du "mot" moins les morphèmes (morphème au sens de MARTINET, 1960 : 15,16,119).

b) Dans la deuxième partie, nous retrouvons l'unité de base utilisée lors de l'analyse distributionnelle soit le mot plus les morphèmes.

La division en deux parties et la distinction entre *mot plus morphèmes* et *mot moins morphèmes* ne sont pas arbitraires. Elles sont le résultat d'une analyse imposée par la structure de la langue et nécessaire si l'on veut en saisir les lois prosodiques.

1.22. Nous justifions cette séparation et l'intrusion dans le domaine morphologique par l'analyse de corpus suivant :

(1)	dˈà	"viande"
(2)	rɛ́dˈà	"moitié"
(3)	cˈàrɪ́	"vieux"
(4)	gʊ̀rʊ̀llˈɪ̀	"lion"
(5)	fádángə́ˈàmāyɛ̄rāā	"même aussi vers sa maison là ?"
(6)	gàngǎngə́yɛ́ˈɪ̀...	"son tam-tam aussi ..."
(7)	ngˈə̀láà	"le bon ..."
(8)	kˈàttɪ̀rɔ̀	"au sol"

Remarque - Il convient de préciser que la transcription de la réalisation du ton Bas sous l'accent est ici phonologique. Une transcription phonétique devrait rendre compte de la modification du registre du ton Bas; nous proposons ultérieurement de transcrire cette réalisation de la façon suivante : [ˈ¯], soit [tádˈā].

1.23. Il apparaît que l'accent est partiellement libre pouvant frapper l'une des quatre dernières syllabes d'un mot phonologique :

---

[19] Par prosodie, nous entendons comme MARTINET 1970a (chap. 5) et 1970b (chap. VI) des faits phoniques qui "... n'entrent pas dans le cadre du phonème comme l'accent, les tons..." (1970a : 153).

dernière syllabe ex. 1, 2, 4, 6.
pénultième ex. 3, 7
antépénultième ex. 8
pré-antépénultième ex. 5

Il est partiellement libre car un certain nombre de syllabes pré-antépénultièmes, qu'il faudrait déterminer, est attesté. (Cf. ex. 5). Ces résultats sont donnés par l'observation du mot. Les limites entre lesquelles peut se placer l'accent sont déduites de la constitution phonologique du mot.

1.24. Le caractère "sauvage" ou "capricieux" de cet accent apparaît mieux si l'on décompose les mots en morphèmes.

(5) **fáḍá** + ngə́ + ˈà + **mā** + yɛ̄ + ā + ā

(6) **gàngǎ** + ngə́ + yɛ́ + ˈɪ̀

(7) **ngˈə̀ lá** + à

- le morphème **yɛ** en (5) porte un ton moyen tandis qu'en (6) un ton haut.
- le morphème **a** "défini" est accentué (5) et porte un ton bas en (7).
- en (5), (6) l'accent de mot est supporté par un morphème tandis qu'en (7) par le radical du mot.

1.25. Sous cet apparent désordre, il est possible de déterminer la place de l'accent si l'on accepte comme le suggère GARDE (1965 : 25) de diviser le mot en morphèmes. On s'aperçoit en effet qu'il existe un rapport entre la division du mot en morphèmes et la place de l'accent. En conséquence, lorsque l'accent est "libre" ou "capricieux" comme c'est le cas ici, sa position ne peut être déduite des limites de mots.

Dans les ex. (1), (2), (3), (4), les mots sont indécomposables; la place de l'accent est donc déduite à partir de leur limite. L'accent frappe la dernière syllabe ou la pénultième. Ces quatre exemples sont représentatifs de la place de l'accent dans les mots indécomposables. La règle énoncée est donc générale concernant l'ensemble des mots indécomposables.

1.26. Il apparaît donc qu'au niveau prosodique ce n'est pas la phonologie qui est pertinente car elle n'introduit qu'une contrainte : accent sur l'une des quatre dernières syllabes du mot phonologique mais la structure morphologique du syntagme. En karembou, l'analyse des faits prosodiques ne ressortit pas à la phonologie mais à la morphologie. Non seulement les faits prosodiques ne sont pas nécessairement homologues des faits phonématiques comme nous l'avons déjà indiqué, mais ils ne sont pas nécessairement justiciables d'une analyse phonologique.

1.27. Accent et morphèmes

Remarque - Le support de l'accent est la voyelle; kˈàá "bâton", kɜ́ˈɪ̀ "pintade".

L'A.P.I. (1949) préconise l'utilisation d'une apostrophe droite précédant la syllabe accentuée. Dans la mesure où l'accent a pour support n'importe quelle voyelle dans les séquences de voyelles, nous sommes contraint d'adopter une autre transcription. L'apostrophe droite précède la voyelle supportant l'accent.

	Radical		*Morphème*
H - 'B	tád'à	+	à
'B - H	ng'əlá	+	à
H - B	ádà	+	à
B - H	jɔ̀wɔ́	+	'à
H - H	fádá	+	'à

Les schèmes notés (H - B, 'B - H, etc.) sont les schèmes des mots indécomposables ou radicaux. Le schème des morphèmes est celui réalisé dans le mot non décomposé, ex. tád'àà

1.28. Il apparaît :

- que le même morphème est tantôt accentué tantôt porteur d'un ton bas.
- que lorsque le radical est accentué le morphème est systématiquement de ton bas.
- que lorsque le radical est inaccentué, le morphème porte un ton bas ou est accentué.

Pour ce dernier cas, il est plus juste de dire apparemment inaccentué car ce n'est pas parce que l'accent n'est pas perçu qu'il n'existe pas. En effet, superposé à un ton, l'accent peut se réaliser d'une certaine façon qui fait qu'il n'est pas perçu. Ne pas accepter cette hypothèse revient à faire une distinction ad hoc entre les mots indécomposables possédant un accent et ceux n'en possédant pas. Il est plus rigoureux de généraliser la présence de l'accent.

Nous postulons que l'accent superposé aux unités tonales :

- modifie le registe de ton bas
- n'altère pas le registre de ton haut

Lorsque l'intensité est perçue, l'accent frappe un ton bas et dans le cas contraire un ton haut. Ces affirmations seront démontrées lors de l'analyse.

1.29. La généralisation de la présence de l'accent nous permet de dire :

- que dans ádà.à l'accent est certainement sur le radical et non sur le morphème; pour preuve l'accent sur le même morphème est perceptible dans ɟɔ̀wɔ́'à;
- que donc si ádà possède un accent il est normal de penser que ɟɔ̀wɔ́ en possède un.
- que si dans l'unité ɟɔ̀wɔ́'à c'est le morphème qui possède l'accent, c'est qu'il peut y avoir eu déplacement de l'accent et que les règles de ce déplacement sont à chercher, si l'on admet naturellement qu'il ne puisse y avoir qu'un accent par mot.

- qu'il reste à déterminer la place de l'accent dans les mots indécomposables àdá, fádá, ɟɔ̀wɔ́.

Les lois de la position de l'accent dans ces unités ont été présentées en 1.25.; elles seront démontrées lors de l'analyse.

1.30. Pour essayer d'expliquer la variabilité du schème du morphème [a] nous prenons l'exemple d'un autre morphème [nɪ] ou [ni] auquel on ne saurait assigner un schème *a priori* du fait même de cette variation encore attestée mais de façon différente, en conservant les mêmes mots indécomposables.

H - 'B	tád'ànɪ̄
'B - H	ng'ə̀lánɪ̄
H - B	ádànɪ̄
B - H	ɟɔ̀wɔ́nɪ́
H - H	fádánɪ́

Le morphème nɪ porte tantôt un ton moyen tantôt un ton haut.

Pour résumer, il y a deux types de morphèmes :

1) l'un sur lequel il y a une variation entre un ton bas et une réalisation tonale accentuée qui n'est autre qu'un ton bas sous l'accent, ceci sera démontré, nous appelons cette réalisation H_2 par rapport à H_1 = ton haut, tant ces deux registres sont proches l'un de l'autre. D'ailleurs dès à présent les exemples tád'àà et fádá'à l'attestent démontrant ainsi la validité de l'interprétation de H_2 comme étant un ton bas sous l'accent.

2) l'autre, sur lequel il y a une variation entre un ton haut et un registre moyen.
Le ton moyen n'existant pas sur les mots indécomposables il est à mettre en compte d'une variante contextuelle du ton haut sur les morphèmes; le contexte étant le mot indécomposable.

1.31. Il nous reste à chercher les contraintes suprasegmentales dans les mots indécomposables qui jouent sur les morphèmes.

Si nous acceptons que tout segment portant l'accent perceptible est un ton bas sous l'accent (démontré lors de l'analyse) nous disons que :

Règle 1 : Tout radical possédant un ton bas accentué impose un ton moyen au morphème de ton haut et ne modifie pas le ton du morphème à ton bas. Nous avons démontré que l'accent frappant un ton haut ne modifiait pas celui-ci et perdait sa perceptibilité.

Règle 2 : Si l'accent frappe la dernière syllabe à ton haut d'un mot indécomposable, le morphème à ton bas devient bas accentué, le morphème à ton haut reste haut.

Règle 3 : Si l'accent frappe la syllabe pénultième à ton haut la règle 1 s'applique.

1.32. Nous avons donc deux classes de mots indécomposables :

- *1ère classe* : l'accent frappe un ton bas ou le ton haut de la syllabe pénultième.
- *2ème classe* : l'accent frappe un ton haut de la dernière syllabe.

1.33. Ces deux classes déterminent la réalisation du schème des morphèmes.

classe I	+ morphème à ton bas	→	morphème à ton bas
Classe II	+ morphème à ton bas	→	morphème à ton bas accentué
classe I	+ morphème à ton haut	→	morphème à ton moyen*
classe II	+ morphème à ton haut	→	morphème à ton haut accentué**

*Il ne s'agit pas d'une unité tonale à proprement parlé mais d'une réalisation tonale, ton haut se réalisant sur un registre moyen.
**L'accentuation de ce ton haut est justifié en 6.60, 6.61, 6.62, 6.63.

CONCLUSION GÉNÉRALE

1.34. - Dans le cadre du mot phonologique, il n'est pas possible de déduire des limites de celui-ci la place de l'accent sous peine de le faire apparaître comme fort capricieux.

- Dans le mot, l'accent en kanembou dépend de la structure morphologique.

- Il y a une liberté partielle de l'accent par rapport aux limites de morphèmes, qui frappe la dernière syllabe ou la pénultième dans les mots indécomposables.

- La règle de déplacement de l'accent et la réalisation du "downstep" (ton haut réalisé moyen) sur les morphèmes sont déterminées par le schème accentuel du radical.

Il était nécessaire dans cette introduction non seulement d'exposer les principes de la description mais aussi d'inaugurer l'analyse prosodique afin de lever toute ambiguïté quant à notre démarche et ses justifications.

LISTE DES SYMBOLES UTILISÉS

[ ] marque la transcription phonétique, par laquelle on transcrit la prononciation comme on l'entend, sans nécessairement représenter les traits pertinents.

/ / marque la transcription phonologique, par laquelle on transcrit la prononciation de façon à représenter tous les traits pertinents et rien d'autre.

* précède ou suit toute forme impossible ou inconnue dans la langue.

" " indique un signifié (en pratique la traduction française)

indique la frontière entre mots

. bù.dú, indique une frontière syllabique aussi bien dans une transcription phonétique que phonologique.

2. ANALYSE DISTRIBUTIONNELLE DES CONSONNES (marge syllabique)

CORPUS

2.1. Ce corpus, exhaustif des formes de la langue, n'est pas organisé dans un ordre spécifique de présentation.
La notation est phonétique. Le ton bas sous l'accent se réalise sur un registre que l'on appelle H_2 et que l'on transcrit [ˈ¯] (cf. *supra* 1. 27).

[bˈɪr]	"coussin"
[dˈā]	"viande"
[dˈʊ̄m] [dˈʊ̄n]	"maladie vénérienne"
[dɜ́ˈɪ]	"pintade"
[kɔ̀ɪ́]	"fiancé"
[bˈɪú]	"hâche"
[bɪ̀lá]	"canif"
[dɜ̀rí]	"rangée"
[ɟɪ́ngɜ̀]	"sueur"
[ndɜ́lɪ́ˈɪ]	"testicule" (*sp.* animaux)
[nɟólɪ̀]	"coup de pied"
[ngàràná]	"crachat"
[rɛ́dˈā]	"moitié"
[sóndú]	"panier en feuilles de palmier"

[fáŋám]	"étrier"
[gàdáˈɪ̄]	"pirogue en papyrus"
[kàndǎ]	"plante *sp.*"
[lɛ̀kkɛ́]	"canne à sucre"
[màrɛ́]	"bambou"
[nàllɪ́]	"bouton de la peau"
[ɲǎm]	"lait"
[ŋˈʊ̄m]	"front"
[ŋɜ́nɟˈɪ]	"poitrine"
[mbákkˈɛ̄]	"oiseau *sp.*"
[tàmsʊ́ʊ̀]	"tamarin"
[sɪ́ldˈō]	"sifflement"
[tɪ́rkɪ́]	"selle de chameau"
[lə̀gáár]	"neuf"
[lˈə̄mán]	"cheptel, bien (en général)"

[túnú]	"plaie"
[cˈárí]	"vieux"
[wúdˈū]	"groupe"
[yàlá]	"nord"
[ʔˈɜ̄dé]	"insulte"
[yɨ̀ndí]	"deux"
[hádà]	"loi, coutume"
[hˈāl]	"habitude"
[ʔínɟˈT]	"eau"
[ʃóó]	"estomac"
[ʃʊ́wˈɔ̄]	"moelle"
[kɨ̀yˈāá]	"partie de la lance en fer"
[ngáyˈɛ́]	"bouclier"
[kàyɛ́dˈə̄]	"le fait de frire"
[kínɟˈɪ̄]	"esclave" (terme générique)
[kɜ̀nɟé]	"le don, l'offre"
[súmsˈūm]	"sésame"
[ʔámsʊ̀]	"frais"
[dɜ́msɨ̀]	"groupe d'étoiles *sp.*"
[dˈɜ̄mbɜ́]	"grande calebasse"
[lààrcɛ́]	"ceinture en étoffe"
[kólyˈT]	"arachide"

[búnˈT]	"poisson"
[bʊ̀rná]	"épi de maīs sec"
[búrtˈl]	"dîner"
[nˈāppál]	"lune"
[kàppá]	"critique"
[nɟɨ̀ttɜ́]	"piment"
[kàttˈɜ̄]	"frère cadet"
[sákkˈɪ̄]	"outre"
[fˈīkkí]	"hibou"
[kˈāllʊ́m]	"intestin"
[tɜ́mmɜ́n]	"perche de piroguier"
[kɜ̀nnú]	"feu"
[kərràf]	"désir, amour"
[kàrrɜ́]	"dos"
[kʊ̀skˈʊ̄n]	"gale *sp.* (humain)"
[wʊ̀skʊ́]	"huit"
[yáβf] [yáff]	"drap"
[sɔ̀βɔ́] [sɔ̀fɔ́] [sɔ̀wɔ́]	"boue"
[bˈʊ̄rsá]	"nuage"
[búrgˈɜ̄]	"riche"
[bˈɔ̄rβʊ́]	"voleur"

STRUCTURE SYLLABIQUE

2.2. A partir de ce corpus, représentatif des consonnes de la langue et de leurs positions, nous pouvons dégager un fait fondamental :

REGLE I

A l'initiale de mot (soit encore l'inventaire consonantique après pause : ≠ C-) et à la finale de mot, (soit encore l'inventaire consonantique avant pause : -V #) aucun groupe de consonnes n'est attesté.

Afin que ces données ne soient pas ambiguës, nous n'avons pas pris en considération les mi-nasales ou nasales complexes (mb, nd, nɟ, ng) ainsi que les complexes consonantiques "suspects" ([c] (ty ou ky), [ɟ] (dy ou gy) et [ɲ] (ny).

2.3. L'interprétation de l'occlusion glottale comme n'étant pas pertinente phonologiquement (*infra* 2.24) nous permet de faire l'inventaire des types syllabiques suivants :

V, VC, CV, CVC.

soit de façon générale : (C) V (C)

La parenthèse ( ) indique que dans cette position, la consonne est attestée ou non.

Les exemples suivants :

[bˈʊ̄l] "blanc"

[dˈā] "viande"

s'analysent en CVC. L'unité contenue dans le paradigme consonantique post-vocalique est [l] dans le premier exemple et [∅] (zéro) dans le deuxième exemple.

2.4. Quand nous parlons de structure syllabique, nous entendons toujours dans un *premier temps* marge consonantique. Ainsi V, tel qu'il est présenté dans (C) V (C) n'est pas représentatif de la structure du noyau vocalique qui sera envisagée séparément dans un *deuxième temps* (Chap. 3). Nous distinguons marge consonantique et noyau vocalique. Si des problèmes de découpage peuvent concerner à la fois la marge et le noyau ([ty] ou le statut de [w] et [y]), nous donnons directement le résultat de nos interprétations. Dans la mesure où l'analyse envisage d'abord la marge, puis dans un autre chapitre le noyau syllabique, nous donnons les justifications qui concernent la marge et renvoyons à l'autre chapitre pour les arguments relevant de l'analyse du noyau vocalique.

2.5. Fonction

Il existe entre le noyau vocalique et la marge consonantique un rapport de détermination unilatérale : les marges présupposent l'existence du noyau et non l'inverse. Des syllabes vocaliques sont attestées mais jamais des syllabes consonantiques. Il n'y a aucune relation de détermination entre la marge pré-vocalique et la marge post-vocalique.

2.6. Nous présentons les segmentations que la Règle I nous permet d'opérer ainsi que les cas où aucun critère ne nous autorise *a priori* à établir des frontières syllabiques avec certitude. Soit la séquence :

[-VCCV-] [ndə́rnˈɜ̄] "lapin".

Trois cas possibles :

- soit [-VCC.V-]*

- soit [-V.CCV-]*
- soit [-VC.CV-]

La Règle I interdit les deux premiers découpages.

2.7. Soit les séquences suivantes :

[CVCV] [dɔ̀rɔ́] "rive"

[CVCV] [dɪ̀lɪ́m] "lèpre"

Si une syllabe consonantique n'est pas admise dans la langue, deux segmentations syllabiques sont possibles :

[CVCV] CV. CV ou CVC. V

[CVCVC] CV. CVC ou CVC. VC

Le problème se pose de la façon suivante : la frontière syllabique passe-t-elle entre une voyelle et la consonne suivante ou entre la consonne et la voyelle suivante ? Rien ne nous permet de choisir *a priori*. La faible fréquence (une vingtaine d'unités accentuelles) commençant par une voyelle pourrait être un argument en faveur d'un découpage en CV. CV (premier cas). C'est un choix qui s'impose phonétiquement par ailleurs.

Cependant notre propos est préciséemnt de n'utiliser que des arguments basés sur les relations des éléments entre eux. Nous postulons, en effet, que les relations entre les éléments au sein de l'unité accentuelle et de la syllabe déterminent la structure de la syllabe et donc les frontières syllabiques.

2.8. Pour les segmentation des séquences présentées en 2.7., nous émettons la règle suivante que l'analyse distributionnelle des consonnes et des voyelles justifiera.

REGLE II

Une frontière syllabique ne peut passer entre une consonne et la voyelle suivante : VC.V* ;

le corollaire étant : une frontière syllabique peut passer entre une voyelle et la consonne suivante :

- il y en a nécessairement une si la consonne est suivie d'une voyelle.
- il n'y en a pas si la consonne est elle-même suivie d'une consonne ou d'une pause.

Ce dernier cas fait explicitement référence à la Règle I et au fait qu'il ne peut y avoir de consonne syllabique.

Nous avons donc la segmentation :

CV. CV et non CVC. V*

CV. CVC et non CVC. VC*

2.9. Les justifications de la Règle II sont présentées :

- lors de l'établissement des catégories de consonnes (*infra* 2.16) : Si la consonne intervocalique appartient à la catégorie I (consonnes ne se trouvant qu'à l'initiale de syllabe), la segmentation CV.CV s'impose. La segmentation CV<u>C</u>.V introduirait la consonne <u>C</u> dans une position où elle ne peut se trouver. Cette justification est partielle et ne concerne que la catégorie I des consonnes. Le problème demeure en effet pour les consonnes de la catégorie II qui peuvent se trouver aussi bien à la finale qu'à l'initiale de syllabe.
- lors du traitement des nasales en finale de syllabe suivies de consonnes nasales (*infra* 2.50).

L'analyse des consonnes nasales permet de résoudre le problème de la segmentation en syllabes lorsque les consonnes appartiennent à la catégorie II.

MI-NASALES ET COMPLEXES CONSONANTIQUES

2.10. Consonnes de la catégorie II et segmentation syllabique

Soit les exemples suivants[20] :

[-VmmV-] [tə́mmə́n] "perche de pirogue"

[-VnnV-] [kə̀nnú] "feu"

La Règle I impose la segmentation suivante[20] :

-Vm.mV-

-Vn.nV-

[m] et [n] finale de syllabe sont les réalisations d'un archiphonème. Les réalisations de l'archiphonème sont liées à la nasale suivante :

/M/ se réalise { [m] si la nasale suivante est /m/
[n] si la nasale suivante est /n/ }

L'absence de séquences -VmCV- ou -VnCV- et la présence de séquences -VCmV- et -VCnV- dans lesquelles C représente une consonne non nasale prouvent dans le premier cas que la présence d'une consonne nasale finale de syllabe est liée à la présence immédiate d'une consonne nasale initiale de syllabe et que dans le deuxième cas, l'apparition d'une consonne nasale initiale de syllabe est indépendante de toute contrainte.

---

[20]Le biphonématisme de ces unités sera démontré en 2.27.

Remarque - Les mi-nasales ne sont pas exclues de cette analyse. Nous les définissons en 2.11 en fonction d'arguments issus de la Règle I et de ce qui est dit en 2.10. Mais pour éviter toute argumentation circulaire nous donnons en 2.12 des arguments autonomes, qui justifient la nature monophonématique de ces sons.

Si une nasale finale de syllabe est conditionnée par la nasale suivante initiale de syllabe, dans le contexte -VCV-, toute nasale est nécessairement initiale de syllabe.

La séquence -VCV- où C représente une nasale, (consonne de la catégorie II) doit être segmentée en -V.CV-. Cette segmentation est généralisée aux cas où C représente les autres consonnes de la catégorie II soit en dernière analyse r et l. En dernière analyse, car au départ, la catégorie II contient beaucoup plus d'éléments; l'étude distributionnelle en déduit l'inventaire.

La règle II est ainsi justifiée. Quelles que soient les consonnes, dans le contexte -VCV-, la frontière syllabique ne passe jamais entre la consonne et la voyelle suivante.

2.11. La détermination des différents types de syllabes et des règles de segmentation de l'unité accentuelle en syllabes nous permet d'envisager le cas des mi-nasales et des complexes consonantiques suspects.

Les mi-nasales ou nasales complexes :

Elles apparaissent dans trois contextes :

(a) Initiale de syllabe précédée de pause : # ng-

[ngúdǐ] "pauvre"

(b) Initiale de syllabe précédée de voyelle :

[dà̰ngál] "lit"

(c) Initiale de syllabe précédée de consonne :

[kə́rngə̃] "plante *sp.*"

Les contextes (a) et (c) établissement le monophonématisme des mi-nasales. En effet, dans les deux cas, la règle I interdit une succession de deux consonnes appartenant à la même syllabe. [ng] est phonologiquement /ng/.

2.12. Cette interprétation est justifiée par :

- la nasalisation systématique des voyelles qui précèdent une séquence de type nasal + consonne occlusive sonore soit les mi-nasales /mb/, /nd/, /nɟ/, /ng/ :

[ka̰ngˈāl] "soleil"

[kṵmbˈū] "aveugle"

Dans les séquences nasale + nasale ou nasale + voyelle, les voyelles précédentes ne sont jamais nasalisées.

- l'occlusive labiale sonore [b] qui devient une spirante [β] lorsqu'elle est précédée des sonantes r et l.

[bˈɔ̄rβʊ́] "voleur"

[kɔ̀lβɔ́] "argile"

Précédée d'une nasale (les nasales appartiennent à la même catégorie que r et l) [b] ne devient pas spirant.

2.13. L'existence de /ng/ n'exclut pas a priori celle d'une séquence /n/ + /g/. L'impossibilité de cette séquence et conséquemment la justification de la segmentation de l'exemple du contexte (b) (*supra* 2.11.) en dà̰.ɲgál sont présentées en 2.50 et 2.65 : dans le contexte CVC̱CV une consonne nasale ne peut précéder qu'elle-même. Par ailleurs, l'absence de séquences immédiates de consonnes du type nasale + non sonante (non attestées par exemple [m + f]* ou [n + s]*) nous fait admettre que [ng], [mb], [nɟ], [nd] sont phonologiquement /ng/ et non /n/ + /g/*, etc.

2.14. Les complexes consonantiques suspects [c], [ɟ], [ɲ].

Soit l'exemple [k/t + y]. Deux cas sont possibles :

a) [y] appartient au noyau vocalique. Cette hypothèse implique l'attestation de deux combinaisons :

- une série de consonnes + [y] (vocalique). Cette combinaison n'est pas attestée.

- [y] vocalique + chacune des voyelles. Cette combinaison alourdit la structure du noyau vocalique d'un paradigme supplémentaire soit trois ou quatre paradigmes suivant les analyses que nous proposerons. Nous justifions l'impossibilité de cette hypothèse lors de l'analyse du noyau vocalique.

b) [y] appartient à la marge consonantique.

[k/t + y] est alors un seul phonème d'après la règle I. Les complexes consonantiques suspects sont donc des unités monophonématiques de la marge consonantique.

PARADIGMES DE LA MARGE SYLLABIQUE ET CATÉGORIES DE CONSONNES

2.15. Les distributions des consonnes au sein de la syllabe concernant deux paradigmes :

- Initiale de syllabe # C-
- Finale de syllabe -C #

Nous émettons l'hypothèse d'une adéquation entre d'une part l'initiale d'unité accentuelle et l'initiale de syllabe et d'autre part entre la finale d'unité accentuelle et la finale de syllabe.

2.16. L'inventaire des consonnes est organisé en deux catégories suivant leur distribution dans les deux paradigmes. Nous distinguons deux catégories qui se définissent de la façon suivante :

Catégorie I (les consonnes ne se trouvant qu'à l'initiale de syllabe) : p, t, c, k, b, d, ɟ, g, mb, nd, nɟ, ng, f, h, ?, ʃ.

Catégorie II (les consonnes se trouvant à la fois à l'initiale et à la finale de syllabe) : w, y, l, r, m, n, ɲ, ŋ, s.

Remarque - Le caractère ambigu de w et y (+ ou - syllabique) nous les font admettre provisoirement dans les deux catégories. L'analyse distributionnelle décidera de leur statut.

Le paradigme initiale de syllabe est constitué des deux catégories; le paradigme finale de syllabe est constitué de la catégorie II.

2.17. L'inventaire des éléments des catégories n'est pas définitif puisqu'il a été effectué à partir de données phonétiques. L'analyse distributionnelle a notamment pour but :

- d'établir la pertinence de chaque élément.
- de statuer sur l'appartenance de chaque élément à l'une des deux catégories établies.

En ce sens, un inventaire phonologique pour chaque catégorie devra être présenté à la fin de l'analyse.

2.18. Nous pouvons maintenant examiner les combinaisons de syllabes :

CV.CV	CVC.CV
CV.CVC	CVC.CVC
V.CV	CV.CV.CV
VC.CV	CV.CVC.CV

et comparer ce qui est comparable en référence à la structure de la syllabe. Pour chaque paradigme, initiale et finale de syllabe, nous comparons les inventaires consonantiques variables selon les contextes.

Pour le paradigme constituant la marge pré-vocalique ou initiale de syllabe, nous avons trois contextes :

#C- ou initiale de syllabe précédée de pause.
-V$\underline{C}$V- ou initiale de syllabe précédée de voyelle.
-VC$\underline{C}$V- ou initiale de syllabe précédée de consonne.

Pour le paradigme constituant la marge post-vocalique ou finale de syllabe, nous avons deux contextes :

-C# ou finale de syllabe suivie de pause.
-V$\underline{C}$CV- ou finale de syllabe suivie de consonne.

MARGE PRÉ-VOCALIQUE OU PARADIGME INITIALE DE SYLLABE

2.19. Tableau

	#C-	-VCV-	-VC$\underline{C}$V-
p	–	–	–
t	+	–	+
k	+	–	+
b	+	+	+
d	+	+	+
g	+	+	+
c	+	–	+
j	+	–	+
mb	+	+	–
nd	+	+	–
nj	+	+	–
ng	+	+	+
m	+	+	+
n	+	+	+
ɲ	+	+	–
ŋ	+	+	–
f	+	+	+
s	+	+	+
w	+	+	+
y	+	+	?
l	+	+	+
r	+	+	+
h	+	–	–
?	+	–	–
ʃ	+	–	–

2.20. Ce tableau permet de mettre en évidence un certain nombre de problèmes. Nous les énumérons puis nous les analysons plus particulièrement.

- Il apparaît tout de suite que les consonnes [h], [?] et [ʃ] forment une catégorie particulière. Il nous faut soit ajouter une troisième catégorie contenant ces consonnes au paradigme initiale de syllabe, soit démontrer qu'il ne s'agit pas de phonèmes.
- L'absence de [p], [t] et [k] dans le contexte -VCV- nous permettra d'envisager les géminées [-mm-], [-nn-], [-ll-], [-rr-], [-pp-], [-tt-], [-kk-].
- L'absence de [p] en #C- et -VCCV et le fait que nous l'avons présenté dans la catégorie I (*supra* 2.16.).
- La distribution des mi-nasales dans le contexte -VC̲CV-.
- Les problèmes concernant l'ordre palatal : l'absence de [c] et [ɟ] dans le contexte -VCV-; [y] marqué par un point d'interrogation dans le contexte -VC̲CV-. Les absences d'attestation de [ɲ] et [ŋ] dans le contexte -VC̲CV- y seront aussi examinées.

LES CONSONNES [h], [?] ET [ʃ]

2.21. La question concernant les consonnes [h], [?], et [ʃ] a été explicitement posée en 2.20. Nous démontrons qu'il est inutile de créer une troisième catégorie dans le paradigme initiale de syllabe car ces consonnes ne sont pas des phonèmes.

Soit [h] et [?] : corpus.

[hˈāl]	"habitude"	[hɔ́wɔ́l]	"en premier lieu"
[hádà]	"loi-coutume"	[hálámˈā]	"à peu près"
[hàlɛ́wˈā]	"bonbon"		

Remarque - Le mot [hàlɛ́wˈā] est peu usité : il est en concurrence avec [bɔ̀mbɔ́m] emprunt au français.

Toutes ces unités sont des emprunts à l'arabe. Cet ensemble exhaustif dans le cadre limité de notre corpus manifeste de toute évidence que [h] n'est pas un phonème kanembou. L'alternance consonantique absolument libre, montre à travers les exemples suivants qu'il est très mal intégré.

[hádà] "loi-coutume"
[?ádà]

[hálámˈā]
[?álámˈā] "à peu près"

Nous avons donc deux termes sur cinq où il y a neutralisation de l'opposition sourd/sonore.

2.22. L'absence de variante entre [h] et [?] comme dans [hˈāl] ou [hɔ́wɔ́l], peut être interprétée comme l'indice d'un emprunt relativement récent. L'emprunt est plus ancien lorsqu'il y a tendance à la mutation du [h] en [?].

Lors du passage de l'arabe au kanembou, la continue glottale sourde, ressentie comme telle par les locuteurs kanembou (nous voulons dire qu'il y a effectivement opposition entre [h] et [?] au départ), ne parvient pas à se stabiliser et ainsi se phonologise en [?]; [h] n'est donc pas un phonème : /h/*.
Entre [h] et [?], ce n'est pas l'opposition sourde/sonore qui prévaut mais la présence d'une glottale qui se réalise [h] quand il s'agit d'un emprunt récent à l'arabe et [?] dans tous les autres cas.

2.23. Le cas de l'occlusion glottale.

Dans la mesure où elle n'apparaît qu'en initiale de syllabe après pause, on pourrait douter de son existence. Deux faits attestent le contraire :

- Son existence est attestée par des variantes libres avec une autre consonne, rares au demeurant :

[?ìkké]
[yìkké] "enfonce !"

[?frὲ]
[yfrὲ] "pleure !"

- Dans le discours, il n'y a pas d'influence, encore moins d'assimilation entre une voyelle ou une consonne finale de mot et la voyelle initiale de mot suivant :

[kə́r'ī ábbàyὲ] "un chien du père"
[ngɔ́r'ɔ̄ ?ə̀númb'ē] "un village du sud"
[kʊ̀ɟ'āl ?ábbàyὲ] "un verre du père"

L'occlusion glottale sépare sans ambiguïté les deux séquences dans chacun des exemples.
2.24. Si son existence ne peut être remise en cause, elle n'en est pas pour autant pertinente. En effet, l'occlusion glottale est liée au contexte d'initiale d'unité accentuelle, soit encore, d'initiale de syllabe après pause : elle est donc prévisible.

Si l'on considère qu'il n'y a pas d'opposition entre [h] et [?], et si [ʃ] est une variante de [s] (*infra* 2.26.), il ne reste que [?] dans la catégorie éventuelle d'initiale de syllabe après pause (catégorie éventuelle, différente de la catégorie I établie en 2.16.).

Le caractère redondant de l'occlusion glottale apparaît alors plus nettement. Ce que nous transcrivons phonétiquement :

[hádà] [?ádà]	"loi-coutume"	devient phonologiquement	/ádà/
[?ínj'ī]	"eau"		/ínj'ī/
[?àwɔ́]	"chose		/àwɔ́/

2.25. Le cas de [ʃ] : corpus exhaustif.

[ʃóó] "estomac"

[ʃúw'ɔ̄] "moelle"

[ʃàngàwá] "riz"

Nous éliminons d'entrée le mot [ʃàngàwá] pour deux raisons :

- c'est un emprunt et selon GREGERSEN (1967) au haoussa.
- il est relativement peu employé. Les locuteurs lui préfèrent [r'ʊ̄s] "riz" qui semble être un emprunt à l'arabe, que les Arabes eux-mêmes ont certainement emprunté.

2.26. Dans les deux autres unités accentuelles, la présence du [ʃ] est assez fréquente. En effet, les locuteurs âgés n'acceptent pas la chuintante et préfèrent la sifflante [s]. La chuintante concerne la jeunesse et plus particulièrement la jeunesse scolarisée. Sa très faible fréquence d'apparition, le fait qu'il arrive qu'elle soit en variante libre avec la sifflante chez un même jeune locuteur nous fait admettre qu'elle est une variante de [s].

[ʃ] mais jamais /ʃ/*

Cette variante pourrait venir d'une influence :

- d'un autre dialecte kanembou, celui des [kɔ́ɔ́nɔ́] de Mao par exemple où le [ʃ] est un phonème.
- d'une autre langue, l'arabe ou le gʊran, langues dans lesquelles [ʃ] est effectif.

En conclusion générale [h], [?], [ʃ] ne constituent pas une catégorie particulière. Ces réalisations ne sont pas phonologiques et ont une fonction démarcative aphonématique indiquant à coup sûr une initiale de mot.

LES GÉMINÉES

2.27. L'absence de [p], [t], [k] dans le contexte -VCV- nous permet d'envisager les géminées.

Inventaire : [-mm-] ; [-nn-] ; [-ll-] ; [-rr-].
[-pp-] ; [-tt-] ; [-kk-].

La segmentation de la première ligne ne pose aucun problème :
[-m.m-] ; [-n.n-] etc.

L'hypothèse de consonnes longues est peu satisfaisante car elle introduit une série nouvelle de sonantes longues, donc quatre phonèmes nouveaux ; si elle permet des économies au niveau syntagmatique elle n'est pas du tout rentable, au niveau du système. Ces groupes sont donc considérés comme biphonématiques.

Le découpage sera confirmé lors de l'étude de la marge post-vocalique ou finale de syllabe. *Infra*. 2.45. et suivants.

2.28. La segmentation de [-pp-], [-tt-], [-kk-].

Trois possibilités de segmentation qui ne sont pas pertinentes.

- [-pp/-]*
- [-/pp-]*
- [-p/p-]*

Les deux premières impossibilités sont justifiées par les règles R.I. La troisième est justifiée par l'absence d'attestation des consonnes [p], [t], [k], qui, en cette position n'apparaissent que géminées. Nous en concluons au monophonématisme de ces groupes qui se réalisent géminés entre deux voyelles.

En position -VCV-, les consonnes [p], [t], [k] sont donc attestées ; la gémination relève d'un simple changement phonétique ([t] → [tt]) dû à un changement de position (initiale de syllabe après pause → initiale de syllabe après voyelle).

Remarque - Il semblerait qu'il y ait une tendance de ces géminées à se simplifier, processus difficilement saisissable puisqu'en gestation. Certaines variantes libres nous le font croire : [cúkkú] [cúkú] "île" [fíkk'ī] [fíkí] "hibou".

L'absence de [p] en #C- et -VC̲V-

2.29. Il semble qu'il y ait deux systèmes phonologiques :

- l'un ancien avec [p] en initiale et [-pp-] à l'intervocalique. Ce système est attesté chez les vieux locuteurs qui emploient l'occlusive [p] là où les autres emploient la fricative [f].

[píy'ē] "vache" [pádɛ̀] "tape !"

Remarque - Ce fait est confirmé par le vocabulaire relevé par KOELLE (1854), la langue [kǻnèm]

	Koelle 1854	Actuellement
"fille"	pʿérō	fɛr'ɔ̄
"vingt"	píṇdi	fínd'ī
"case"	pʿǻdō	fǻdǻ

- l'autre, récent, avec conservation du [-pp-] intervocalique dans quelques rares mots, et disparition de [p] en initiale. L'interprétation de ce système est délicate :

. soit [-pp-] est considéré comme le résidu d'un ancien système.

. soit il est envisagé comme la réalisation de [-ff-] géminée ; [f] en initiale prenant la place laissée vide par [p].

Cette dernière hypothèse à l'inconvénient d'isoler [s] qui lui ne se gémine pas, remarquons-le. Ce fait, ainsi que la très faible fréquence d'attestation de [-pp-] intervocalique dont nous présentons le corpus exhaustif pour exemple, nous font admettre l'idée d'un reliquat, dernier reflet d'un ancien système. Corpus :

[n'āppál] "lune"
[kàppá] "(la) critique"
[dápp'ā] "gros"
[?áppà] "père" en variante avec [?ábbà] (emprunt).

MI-NASALES

2.30. L'absence des mi-nasales mb, nd, nɟ dans le contexte -VCC̲V-.

Une mi-nasale attestée ng, nous autorise à restituer les autres comme étant potentiellement réalisables, la structure syllabique ne l'interdisant pas.

/mb/, /nd/, /nɟ/, sont à noter [+] dans le contexte -VCC̲V-.

LE PROBLÈME DES PALATALES

2.31. Il nous reste à examiner l'absence de [c] et [ɟ] dans le contexte -VCV-, [y] marqué par un point d'interrogation dans le contexte -VC̲CV- et enfin l'absence de [ɲ] et [ŋ] dans le contexte -VCC̲V-.

Nous remarquons que l'ensemble du tableau est maintenant noté [+] dans la même position, initiale de syllabe en des contextes différents, sauf quelques cas marginaux, [p] en #C- et -VCC̲V-, l'ensemble [h], [?], [ʃ], que nous avons expliqués, et naturellement les cas que nous devons examiner.

Il est donc clair qu'il se passe quelque chose dans l'ordre palatal puisque :

- les éléments à analyser sont [c], [ɟ], [y], [ɲ] (Il nous faudra voir néanmoins le cas de [ŋ]).
- ces éléments sont notés [-] par rapport à la notation généralisée [+], excluant toute distribution complémentaire avec d'autres consonnes n'appartenant pas à l'ordre palatal.

2.32. Situation de l'ordre palatal à partir du tableau général de référence (*supra* 2.19).

	VC̲V	-VCC̲V-
c	-	+
ɟ	-	+
nɟ	+	-
ɲ	+	-
y	+	?

Le contexte initiale de syllabe après pause n'est pas pertinent puisque toutes les unités y sont notées.

2.33. Situation de l'ordre palatal après généralisation de la présence des mi-nasales en -VCC̲V- (*supra* 2.30)

	-VC̲V-	-VCC̲V-
c	-	+
ɟ	-	+
nɟ	+	+
ɲ	+	-
y	+	?

2.34. Explication de [y] marqué par un point d'interrogation dans le contexte -VCC̲V-, qui n'est en fait que la réalisation contextuelle d'un [g]. Corpus :

[wólyì] "il devient"
[gə̀lyím'ō] "chameau"
[kóly'ī] "arachide"
[kàng'āl cóly'ī] "le soleil brille"

Remarque - Dans un premier temps (F. JOUANNET, 1977 : 128-143) nous avions noté cette réalisation par un [l] mouillé, soit [ʎ].

2.35. L'enquête linguistique effectuée avec des locuteurs différents de nos informateurs habituels nous a permis de remarquer qu'il existe des variations au sein de la communauté ngaldoukou liées à des Paramètres sociologiques comme l'âge des locuteurs, le degré de scolarisation, etc. Ainsi, nous avons pu constater par exemple que le "mors de cheval" était pour les vieux [lìg'ɜ̄m] et devenait pour les jeunes [lìy'ɜ̄m]. Ce changement nous mit sur la voie d'une mutation hypothétique de [g] en [y] qui finalement s'explique très bien. Nous fûmes assurés dans cette position dès que nous pûmes vérifier ce fait à travers des lexiques anciens relevés par des voyageurs. Ces références diachroniques ne sont pas utilisées pour la démonstration, elles viennent simplement confirmer l'hypothèse.

Remarque - Evolution phonétique du mot chameau : LANGE (1972) rapporte [**calghemo**] (notons qu'ici [c] ne représente pas la palatale) ; dans ses récits de voyages, DENHAM (1826) note [**kelgümmo**], tandis que LUKAS (1937) donne en kanuri [**kàlī-gímò**] ; en kanembou, on a [gə̀lyím'ō].

2.36. Deux contextes interviennent permettant le passage de [g] à [y].

- l'affaiblissement des occlusives orales sonores, b, d, g dans les contextes -VCV- et -VCCV-. [b] devient dans la langue franchement spirant [β], tandis que pour [d] et [g] la friction est beaucoup moins perceptible ; ce caractère ne remet pas en cause leur tendance à l'affaiblissement.

- le contexte vocalique, les voyelles antérieures [i] et [ɪ]. Le deuxième contexte est inopérant si le premier n'est pas acquis.

Les voyelles n'influencement donc pas directement la consonne qui alors se palataliseraït comme on pourrait le croire :

[kóllí] → [kólyí]*

Un certain nombre de mots prouvent le contraire :

[wóll'ī] "petit"

[fálí] "moitié d'une noix de kola"

2.37. Nous avons donc schématiquement trois couches correspondant à trois évolutions.

- couche profonde.

[kólg'ī] avec [g] non affaibli.

- couche moyenne.

[kólɣ'ī] avec [ɣ] spirant ou au moins [g] affaibli.

- couche de surface.

[kóly'ī] avec [y]

A partir de la couche moyenne deux évolutions sont attestées suivant le contexte vocalique :

- si la voyelle pré ou post-consonantique est [i] ou [ɪ] (antérieure, premier et deuxième degré d'aperture), la spirante vélaire devient continue, [y], résultat de la coalescence de l'articulation vélaire avec le voisinage de [i] ou [ɪ].

- si la voyelle est autre, la spirante n'est pas effectuée.

2.38. Ce phénomène n'existe pas quand [g] est précédé non plus de [l] mais de [r].

On pourrait se demander ce qu'il advient dans le cas de [ng], pouvant être envisagé à ce moment-là comme [n] + [g]. Le glissement de [g] vers [y] justifierait [ɲ] issu donc de [n] + [y].

Cette hypothèse contrevient au fait qu'après une nasale, nous n'avons pas d'affaiblissement, bloquant ainsi tout processus de glissement.

2.39. Il reste à statuer sur la pertinence de cette réalisation. Faut-il voir une spirante [ɣ] à la place de [y] ou admettre la pertinence de [y] ?

La première interprétation semble avoir une orientation diachronique. Néanmoins, si nous admettons par exemple que [b], occlusif en initiale après pause, devenant spirant dans les contextes -CV̲C- et -VCC̲V- (*infra* 2.42), est prévisible dans ces derniers, donc n'a pas le statut de phonème, il nous faut étendre ce principe à [y], lui aussi prévisible dans le contexte -VCC̲V-.

Remarque - Cette interprétation est confirmée par le fait qu'après la liquide on ne trouve que des occlusives orales (*infra* 2.62 et 2.67).

Dans le tableau, nous substituons le signe [-] au point d'interrogation.

	-VCV-	-VCC̲V-
c	-	+
ɟ	-	+
nɟ	+	+
ɲ	+	-
y	+	-

2.40. La présence de m et n dans le contexte -VCC̲V- nous autorise à y restituer ɲ et ŋ .

Remarque - Le monophonématisme des complexes consonantiques "suspects" a été établi en 2.14.

	-VCV-	-VCC̲V-
c	-	+
ɟ	-	+
nɟ	+	+
ɲ	+	+
y	+	-

La nasale vélaire n'a pas sa place dans ce tableau. Il faudra considérer qu'elle est notée [+] dans le contexte -VCC̲V- (Tableau *supra*. 2.19).

2.41. Il est clair que nous avons une distribution complémentaire dans l'ordre palatal entre c, ɟ et y suivant le contexte vocalique ou consonantique qui précède la consonne initiale de syllabe. En initiale de syllabe, les consonnes c, ɟ, y, se réalisent :

- y si elles sont précédées de V (-VC̲V-)
- c ou ɟ si elles sont précédées de C (-VCC̲V-)

Remarque - Il est redondant, dans la règle, de noter "en initiale de syllabe", puisque ces consonnes ne peuvent se trouver ailleurs.

Pour ce dernier cas, nous verrons, lors des combinaisons de consonnes, que c et ɟ, après consonne, sont elles-mêmes les réalisations en variante libre d'un archiphonème /ɟ/ (*infra.* 2.62.).

L'OCCLUSIVE [b]

2.42. Il nous reste à relever un dernier fait qui n'apparaît pas dans le tableau 2.19.

Dans les contextes -VCV- et -VC̲CV-, l'occlusive b se réalise comme une spirante [β] et l'on note une perte de l'opposition b/f. Nous avons donc un archiphonème /B/[21] dont les réalisations [β] et [f] sont en variation libre chez un même locuteur :

[yáβf] [yáff] ↓ /yáBf/	"drap"	[báβɔ̀] [báfɔ̀] ↓ /báBɔ̀/	"argile"

2.43. Parallèlement, nous remarquons une extension de la neutralisation à [w]. Les réalisations de l'archiphonème sont en variante libre, encore qu'il faille remarquer une certaine tendance à l'emploi unique de [w] chez les locuteurs scolarisés.

[sɔ̀βɔ́] [sɔ̀fɔ́] [sɔ̀wɔ́] ↓ /sɔ̀Bɔ́/	"boue"

2.44. De fait, les réalisations de l'archiphonème ne sont pas pertinents linguistiquement mais sociologiquement. L'enquête suivant les générations, vieux, jeune, âge moyen permet d'établir l'évolution suivante des réalisations phonétiques de l'archiphonème pertinentes sociologiquement :

	"ami"	"corbeau"
- vieux	[sáp'ā]	[nɟɔ̀βɔ́]
- âge moyen y compris les éleveurs	[sáβ'ā] [sáf'ā]	[nɟɔ̀βɔ́] [nɟɔ̀fɔ́]
- jeunes scolarisés	[sáw'ā]	[nɟɔ̀wɔ́]

[21] Il existe dans le contexte -VC̲CV- d'autres archiphonèmes que nous envisageons lors des combinaisons des conconnes. Nous présentons ici l'archiphonème /B/ car il concerne deux contextes : -VC̲V- et -VC̲CV-.

Nous avons donc schématiquement l'évolution suivante :

[p] → [β] → $\begin{matrix}[\beta]\\ [f]\end{matrix}$ → [w]

MARGE POST-VOCALIQUE OU FINALE DE SYLLABE

2.45. Deux contextes

-C# finale de syllabe suivie de pause.
-C̲C- finale de syllabe suivie de consonne.

	-C#	-C̲C-
m	+	+
n	+	+
ɲ	+	-
ŋ	+	-
l	+	+
r	+	+
w	+	+
y	+	+
s	-	+

2.46. Interprétation de [s]

Corpus

[kɔ̀skˈū̀m] "gale, sp. humain"

[wɔ̀skɔ́] "huit"

et un certain nombre de mots empruntés à l'arabe dont nous ne tenons pas compte.

Il y a deux façons d'interpréter la présence et l'absence de la consonne [s].

- soit généraliser la présence : peu probable.
- soit généraliser l'absence.

Cette dernière hypothèse nous semble la bonne pour plusieurs raisons :

. la réalisation de séquences [s]+[k] est à mettre au compte de la syncope de voyelles centrales ou fermées[22]. Nous disons que "la con-

[22]Nous verrons en 2.64 que la syncope de voyelles fermées ou centrales concerne aussi la séquence [m] + [s].

sonne qui en précède une autre (a) la valeur d'une réalisation du groupe "consonne + voyelle fermée (ou centrale)" (TROUBETZKOY, 1970 : 65). Ce groupe est restitué car il est attesté chez certain locuteur.

[wʊ̀skʊ́] [wʊ̀sʊ̀kʊ́]

[kʊ̀skˈʊ̄m] [kʊ̀sə̀kˈʊ̄m]

. la catégorie des sonantes m, n, ɲ, ŋ, r, w, y, sans la sifflante est sans ambiguïté.

Remarque - La catégorie des sonantes n'est pas homogène en l'état actuel de l'analyse puisque ɲ et ŋ ne sont pas attestées dans le contexte -VC̄CV-. Ces absences d'attestation sont expliquées en 2.51.

2.47. Le cas de [w] et [y]

Il s'agit de savoir si [w] et [y] entrent bien dans le paradigme consonantique post-vocalique ou bien s'ils doivent être considérés comme syllabiques.

Ces unités sont syllabiques, plusieurs arguments militent en faveur de cette interprétation :

- dans un mot comme [kɜ̀úllú] "forgeron", si [u] est considéré comme [w] consonantique, nous aurions une structure -VCCCV- refusée dans la langue.
- La gémination, trait combinatoire caractéristique des sonantes, ne concerne jamais [w] et [y] (*infra* 2.63).
- [w] et [y] subissent le phénomène d'harmonie vocalique dans le contexte finale de syllabe, jamais dans le contexte initiale de syllabe (*infra* 3.15).

2.48. Ces arguments nous font considérer [w] et [y] comme n'appartenant pas à la catégorie des sonantes. Comme ils ne peuvent dans cette position s'insérer dans aucun autre paradigme consonantique, nous les traiterons comme non-consonantiques, appartenant au noyau vocalique.

Remarque - En initiale de syllabe w et y sont considérés comme consonnes. Cela apparaissait dans le tableau 2.19. et tout au long de l'analyse du paradigme consonantique initiale de syllabe sans que nous en ayons donné des justifications. Plusieurs faits attestent le caractère consonantique de w et y dans le paradigme initiale de syllabe.

- w et y ne supportent pas de ton et ne subissent pas le phénomène d'harmonie vocalique.
- ils ne sont pas en distribution complémentaire par rapport aux voyelles articulées au même point. On ne peut donc les considérer comme des variantes combinatoires des voyelles i et u.
- w est l'une des réalisations libres d'un archiphonème /B/ dans le contexte -VCV-. /B/ se réalise [β], [f] chez l'ensemble des locuteurs et quelquefois [w] chez les scolarisés et urbanisés. Son caractère consonantique est ainsi incontestable en initiale de syllabe.

Reprenant le tableau présenté en 2.45, nous en exclurons [s] (*supra* 2.46) et [w], [y] (*supra* 2.47).

	-C#	-C̲C-
m	+	+
n	+	+
ɲ	+	-
ŋ	+	-
l	+	+
r	+	+

2.49. La position -C#

Dans cette position, il y a neutralisation du point d'articulation des nasales. Nous avons donc un archiphonème noté /M/ dont les réalisations [m], [n], [ɲ], [ŋ] sont en variante libre selon les locuteurs et souvent chez un même locuteur. Cependant, les réalisations [ɲ] et [ŋ] sont très peu attestées.

[nɜ̀rɨ́:n] } "écureuil" [ɲăm] } "lait"
[nɜ̀rɨ́:m] [ɲăn]
[nɜ̀rɨ́:ŋ] [ɲăŋ]
[ɲăɲ]

(: marque dans cet exemple la longueur vocalique).

2.50. La position -VC̲CV- soit finale de syllabe suivie de consonne.

On peut s'interroger sur l'absence des nasales [ɲ] et [ŋ] dans ce contexte. Nous répondrons à cette question après avoir expliqué le comportement de [m] et [n] dans ce même contexte.

Nous verrons lors des combinaisons de consonnes (*infra* 2.65.) que les nasales [m] et [n] ne précèdent qu'elles-mêmes dans une séquence -VCCV- :

-VmCV-* où C représente une consonne initiale de syllabe non nasale.
-VnCV-*

mais les séquences suivantes sont attestées :

-VCmV- où C représente une consonne de la catégorie II, finale de syllabe.
-VCnV-

Les nasales finales de syllabe n'apparaissent que si elles sont immédiatement suivies d'une nasale.

Cette restriction à la combinatoire des nasales nous amène à poser que m et n dans le contexte -VC̲CV- ne sont que les réalisations d'un archiphonème /M/ conditionnées par la consonne suivante.

- si /M/ est suivi de /m/, il se réalise [m]
- si /M/ est suivi de /n/, il se réalise [n]

2.51. Dans le contexte -VC̲CV-, les consonnes [ɲ] et [ŋ] ne sont pas attestées. Pour qu'elles le soient, et d'après l'assimilation régressive de la réalisation de l'archiphonème précédemment établi, il serait nécessaire qu'elles soient attestées dans le contexte -VCC̲V-, ce qui n'est pas le cas (*supra* 2.19.).

Il s'agit ici d'un vide particulier (non occurrence de deux consonnes appartenant au paradigme finale de syllabe suivi de consonne soit -VC̲CV-) lié à un vide plus général (absence de ces mêmes consonnes dans le contexte -VCV-). Cela justifie le fait de commencer l'analyse par l'examen du paradigme le plus riche soit ici -VC̲# plutôt que -VC̲CV-.
2.52. Dans les contextes -C# et -VC̲CV-, nous avons le même archiphonème /M/. Dans le premier contexte, ces réalisations sont en variante libre ; dans le deuxième contexte, le phonème nasal suivant l'archiphonème conditionne la réalisation de celui-ci. Il n'est donc pas douteux que si [ɲ] et [ŋ] étaient attestés en -VCC̲V-, nous aurions attesté les géminées -VɲɲV- et -VŋŋV-. Les phonèmes /ɲ/ et /ŋ/ ont été restitués dans le contexte -VCC̲V- (*supra* 2.40). Aucune loi structurale n'interdit l'apparition de leur gémination.
2.53. Le tableau présenté en 2.48. doit être reconsidéré. Les contextes -C# et -VC̲CV- n'en forment plus qu'un : $-\underline{C}\{{}^{\#}_{C}\}$, soit finale de syllabe.

	FINALE DE SYLLABE
M	+
L	+
r	+

/M/ se réalise :

[m] [n] [ɲ] [ŋ] — en variante libre dans le contexte -C#

[m] [n] [ɲ] [ŋ] — s'il est suivi de /m/ /n/ /ɲ/ /ŋ/

(assimilation phonétique régressive)

2.54. Ainsi, dans le contexte -VC̲V-, les consonnes nasales ne peuvent être qu'initiale de syllabe (segmentation -V.C̲V-). Le contraire est impossible puisque l'apparition d'une consonne finale de syllabe, soit la segmentation -VC.V-*, est nécessairement conditionnée par la présence d'une consonne nasale immédiate, initiale de syllabe. Nous considérons qu'il y a homogénéité du comportement des sonantes. Les consonnes r et l entrant dans cette catégorie sont considérées dans le contexte -VC̲V- comme étant initiale de syllabe par analogie aux nasales.

- V.rV- et non -Vr.V-
- V.lV- et non -Vl.V-

2.55. Conclusion

La marge syllabique est définie par deux paradigmes :

- paradigme initiale de syllabe
- paradigme finale de syllabe

Dans le paradigme initiale de syllabe entre l'ensemble des phonèmes soit deux catégories :

Catégorie I : p, t, c, k, b, d, ɟ, g, mb, nd, nɟ, ng, f, s, w, ɣ.

Catégorie II : m, n, ɲ, ŋ, l, r.

Dans le paradigme finale de syllabe entrent seulement les phonèmes de la catégorie II.

Chaque catégorie se définit de la façon suivante :

- la catégorie I se définit comme ne pouvant occuper que la marge prévocalique.
- la catégorie II se définit comme pouvant occuper à la fois la marge pré-vocalique et la marge post-vocalique.

L'ensemble des phonèmes sauf [m, n, l, r] (consonnes se trouvant dans toutes les positions) ont une fonction démarcative négative indiquant qu'il ne s'agit pas d'une finale de mot. Mais ils n'indiquent pas une initiale absolue de mot car ils peuvent se trouver à l'intérieur de celui-ci.

Les réalisations géminées des phonèmes p, t, k dans le contexte -VC̲V-, l'affaiblissement des occlusives sonores b, d, g dans les contextes -VC̲V- et -VCC̲V- indiquent qu'il ne s'agit pas d'une initiale ou d'une finale de mot. Ces réalisations aphonématiques remplissent une fonction démarcative négative.

COMBINAISONS DE CONSONNES

2.56. Sous l'appellation générale de combinaisons, nous faisons la distinction entre succession de consonnes C̲VC̲ et séquence immédiate de consonnes, -VC̲C̲V-.

2.57. Successions de consonnes

Ces successions sont attestées :

- dans le cadre intra-syllabique CVC
- dans le cadre inter-syllabique $\underline{C}$V.$\underline{C}$V ou $\underline{C}$V.CV$\underline{C}$

Dans ce dernier cadre, nous devrons distinguer trois cas où les successions de consonnes concernent respectivement :

- les paradigmes initiale de syllabe $\underline{C}$V$\underline{C}$V
- les paradigmes finale de syllabe CV$\underline{C}$CV$\underline{C}$
- le paradigme finale de syllabe et le paradigme initiale de syllabe $\underline{C}$VCV$\underline{C}$.

2.58. - Dans le cadre intra-syllabique CVC : il est inutile de s'étendre sur ce type de combinaison. En effet, chaque consonne du paradigme initiale de syllabe se combine avec chaque consonne du paradigme finale de syllabe.

- Dans le cadre inter-syllabique : nous ne présentons que les successions concernant les paradigmes initiale de syllabe. En effet, aucune restriction n'intervient dans les successions de consonnes appartenant aux paradigmes finale de syllabe (deuxième cas) ou au paradigme finale de syllabe et initiale de syllabe (troisième cas).

2.59. Tableau des successions de consonnes appartenant à un paradigme initiale de syllabe $C_1V(C)C_2V$

C_2 → / C_1 ↓	p	β f	mb	m	w	t	d	nd	n	s	l	r	nɟ	ɲ	y	k	g	ng	ŋ
b		x					x	x	x	x	x	x			x	x	x		
mb							x			x	x	x							
m				x		x	x	x	x	x	x	x			x		x		
f						x	x	x	x	x	x	x			x	x			x
w						x	x	x	x		x	x			x				
t			x	x			x	x	x		x	x							
d	x	x			x		x	x	x		x	x			x	x	x	x	
nd		x					x					x			x	x			
n	x						x	x	x			x			x			x	
s		x		x	x		x	x	x		x	x				x	x	x	
l		x	x				x	x	x	x	x	x			x	x	x		
r			x				x	x	x			x			x			x	
c					x		x	x	x		x	x				x			
ɟ					x		x	x	x		x	x			x	x	x	x	
nɟ		x			x	x	x				x	x				x			
ɲ		x						x	x					x					
y		x	x	x			x	x	x	x	x	x			x	x			
k	x	x	x	x	x	x	x	x	x	x	x	x	x	x	x	x	x		
ng		x				x	x			x	x	x			x				
g		x			x	x	x	x	x		x	x			x				
ŋ								x	x				x						

Les croix marquent les combinaisons relevées. En abscisse (C_2), /c/ et /ɟ/ ne sont pas attestés en ce contexte; nous avons regroupé /b/, /f/ qui se neutralisent en cette position.

2.60. On note :

- qu'il n'y a pas de combinaisons entre deux mi-nasales (fait marqué par des barres dans les cases).
- que la combinaison Cl : mi-nasale, C2 nasale n'est jamais attestée.
- une tendance très fréquente de la combinaison Cl, l'ensemble des phonèmes, C2 les dentales sonores ou la continue y.

2.61. **Séquences immédiates de consonnes**

Les consonnes en séquence immédiate appartiennent à des syllabes différentes d'après la structure de la syllabe.

TABLEAU $CVC_3C_4V(C)$

C_4 → / C_{3} ↓	β,f	t,d	d,g	c,ɟ	s	w	y	l	r	m	n	ɲ	ŋ	mi-nas.
m	-	-	-	-	+	-	-	-	-	+	-	±	±	±
n	-	-	-	-	-	-	-	-	-	-	+	±	±	±
l	+	+	+	-	-	-	-	+	-	-	-	±	±	±
r	+	+	+	+	+	+	-	+	+	+	+	±	±	±

C_3 représente le paradigme -C̲C-;
C_4 représente le paradigme -CC̲-;
[+] marque les combinaisons attestées;
[-] marque l'absence de combinaisons;
[±] marque l'ensemble des consonnes de C_4 (-VCC̲V-) que nous avons rétablies précédemment (*supra* 2.30 et 2.40);
b est noté [β] (*supra* 2.42)

2.62. Deux consonnes ont été mises dans une même colonne en des cas précis, car, précédées de /l/ ou /r/, elles sont en variante libre (neutralisation de l'opposition sourde/sonore).
Nous avons donc noté les réalisations t, d, par exemple, de l'archiphonème /D/.

Après /r/, nous avons quatre archiphonèmes : /B/, /D/, /G/, /J/.

Après /l/, nous en avons trois : /B/, /D/, /G/.

Les réalisations sourdes ou sonores des archiphonèmes sont en variante libre.

2.63. Les consonnes de C_3 se combinent toutes avec elles-mêmes : m + m, n + n, l + l, r + r. C'est là, un caractère pertinent de cette catégorie.

2.64. Nasales + consonne

Le groupe /m/ + /s/.

Comme pour le groupe [sk] (*supra* 2.46), la séquence [ms] est à mettre au compte de la syncope de voyelles centrales ou fermées, dont la restitution est issue des attestations relevées chez des locuteurs qui n'étaient pas nos informateurs principaux.

Corpus exhaustif :

[ʔámsɔ̀]	"frais"	[ʔámə́sɔ̀]
[dɜ́msì]	"groupement d'étoiles"	[dímísì]
[tàmsʊ́ɔ̀]	"tamarin"	[tàmìsʊ́ɔ̀]

Nous considérons donc que [-ms-] se réécrit [-mVs-]

2.65. Sans considérer les consonnes restituées (ɲ, ŋ et les mi-nasales) dans le contexte -VC$\underline{C}$V-, soit en écartant provisoirement les trois dernières colonnes verticales, nous remarquons :

- que les nasales ne se combinent qu'avec elles-mêmes;
- que les liquides ne se combinent qu'avec les occlusives orales non palatales;
- que la vibrante se combine avec toutes les consonnes sauf y (*supra*. 2.41. y est en distribution complémentaire avec l'archiphonème /J/ dans ce contexte).

2.66. La restitution des consonnes marquées dans le tableau par le signe [±] dans le contexte C_4 soit -VC$\underline{C}$V- ne signifie pas qu'elles doivent nécessairement se combiner avec n'importe quelle consonne qui les précède. Pour preuve, nous voyons que m et n ne sont pas suivies par des occlusives. La question est de savoir si les consonnes restituées doivent être considérées comme pouvant se combiner avec toutes les consonnes de C_3. En ce qui concerne les nasales et la liquide qui présentent de grandes lacunes dans les attestations de combinaisons possibles, nous nous en tenons aux attestations énoncées.

Après la vibrante où un mot comme kɜ́rngɜ́ "plante sp." est attesté, la combinaison nous semble licite.

En conséquence, le signe [±] sera remplacé par [+] après r, et par [-] partout ailleurs.

D'autre part, la vibrante se combine avec toutes les consonnes, y compris celles notées [±] initialement, sauf y.

2.67. Conclusion

A propos des combinaisons de consonnes appartenant à des paradigmes différents attestés à la limite de deux syllabes successives, on pourra tirer les conclusions suivantes :

Le paradigme finale de syllabe est constitué d'une catégorie qui se divise en deux sous-catégories, lorsqu'il est attesté à la limite de deux syllabes.

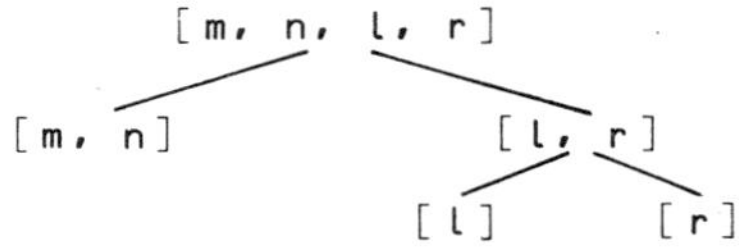

Deux sous-catégories :

- [m, n] définie comme n'entrant que dans des combinaisons de gémination;
- [l, r] définie comme entrant dans des combinaisons de gémination et pouvant être suivie de consonnes;

[l] toujours suivie d'occlusives orales non palatales;
[r] peut être suivie de n'importe quelle consonne sauf y.

Dans la mesure où, comme nous l'avons vu (*supra* 2.53) m et n ne sont que les réalisations d'un archiphonème /M/, la sous-catégorie [m, n] doit être notée par /M/; soit la catégorie de consonnes entrant dans le paradigme finale de syllabe : M, l, r.

3. ANALYSE DISTRIBUTIONNELLE DES VOYELLES

CORPUS

3.1. Ce corpus est exhaustif des formes de la langue dans le cadre de ce chapitre.

[dˈā]	"viande"	[bˈīú]	"hâche"
[bˈū]	"sang"	[bùrɩ́]	"village de berger"
[bˈɪ̄]	"mâle"	[kɜ́ˈī]	"pintade"
[dˈʊ̄]	"jambe"	[kɜ́ú]	"jumeau"
[dˈī]	"gris-bleu"	[kɜ̀ú]	"ombre"
[ɟˈē]	"corde"	[bɨ̀kkɛ́]	"jeu"
[sˈɛ̄]	"paille de blé"	[bùdú]	"buisson"
[dˈōól]	"singe"	[də̀láˈʊ̄]	"pluie"
[kɜ̀ɩ́nɜ́]	"odeur forte et nauséabonde"	[dèβúˈū]	"fille en âge de se marier"
[jˈɔ̄ɔ́r]	"prostituée"	[dʊ̀ŋɔ̀ŋɔ̀f]	"caméléon"
[gàʊ̀dɔ́]	"plante sp."	[kə̀lˈāʊ́]	"chevrette"
[mɛ̀ɛ̀ʊ́]	"dix"	[dééú]	"quatre"
[kóóɩ́]	"prostituée"	[sə́mˈā]	"oreille"
[méédɜ̀]	"défunt"	[nɟɩ́rɩ́]	"frère"

3.2. "Dans de nombreuses langues, la syllabe est définie comme l'unité de placement de ton ou d'accent. Mais si nous cherchons une base pour définir les catégories de phonèmes segmentaux, ce n'est pas la syllabe toute entière, mais la syllabe moins les tons et les accents, c'est-à-dire la base syllabique, que nous devrons choisir comme unité fondamentale". (E. FISCHER-JØRGENSEN, 1970 : 41-42).

En conséquence, il n'y aura pas de références aux tons ou à l'accent lors de l'analyse du noyau vocalique. Un chapitre distinct sera consacré à la prosodie.

CONTEXTES

3.3. Procédons à l'examen des divers contextes où sont attestées les voyelles. Les voyelles sont définies dans un premier temps par leur présence (marquée [+]) ou leur absence (marquée [-]) dans les contextes suivants :

- $C\underline{V}\#$ soit précédée de consonne suivie de pause,
- $C\underline{V}C$ soit précédée de consonne suivie de consonne,
- $C\underline{V}V$ soit précédée de consonne suivie de voyelle,
- $V\underline{V}\#$ soit précédée de voyelle suivie de pause,
- $V\underline{V}C$ soit précédée de voyelle suivie de consonne.

3.4. Soit le tableau suivant :

	i	ɪ	e	ɛ	ə	ɜ	a	u	ʊ	o	ɔ
$C\underline{V}\#$	+	+	+	+	+	+	+	+	+	+	+
$C\underline{V}C$	+	+	+	+	+	+	+	+	+	+	+
$C\underline{V}V$	+	+	+	+	+	+	+	+	+	+	+
$V\underline{V}\#$	+	+	-	-	-	-	-	+	+	-	-
$V\underline{V}C$	+	+	-	-	-	-	-	+	+	-	-

3.5. Nous remarquons que les contextes [$V\underline{V}\#$] et [$V\underline{V}C$] sont rigoureusement identiques. L'un d'entre eux est donc redondant. Aucun critère n'est déterminant pour savoir quel contexte conserver. Le problème est résolu en formulant le contexte ainsi :

$$[\ V\underline{V}\ \{^{\#}_{C}\}\ ]$$

3.6. Les contextes [$C\underline{V}\#$], [$C\underline{V}C$], [$C\underline{V}V$] sont eux aussi rigoureusement identiques. Nous pouvons réécrire les deux premiers comme nous l'avions fait précédemment pour les contextes [$V\underline{V}\#$] et [$V\underline{V}C$]. Nous obtenons :

$$[\ C\underline{V}\ \{^{\#}_{C}\}\ ]$$

Il nous reste à choisir entre $[C\underline{V}\ \{^{\#}_{C}\}]$ et $[C\underline{V}V]$. Le critère du choix du contexte est fonction du contexte que l'on a déjà retenu, soit $[V\underline{V}\ \{^{\#}_{C}\}]$. Nous voyons bien qu'il est préférable de conserver un certain parallélisme entre les contextes, soit ici $[V\underline{V}\ \{^{\#}_{C}\}]$ et $[C\underline{V}V]$ plutôt que $[C\underline{V}\ \{^{\#}_{C}\}]$.
Ce choix nous est confirmé si nous étendons ces contextes à leur forme plus large :

$[V\underline{V}\ \{^{\#}_{C}\}]$ dans sa forme large devient $CV\underline{V}\ \{^{\#}_{C}\}$

$[C\underline{V}V]$ dans sa forme large devient $[C\underline{V}V\ \{^{\#}_{C}\}]$

Ces formes larges, qui ne nous intéressent pas puisqu'elles ne sont pas contextuelles pour les voyelles concernées, manifestent bien le parallélisme que nous cherchions.

Remarquons par ailleurs, qu'entre $V\underline{V}\ \{^{\#}_{C}\}$ et $C\underline{V}V\ \{^{\#}_{C}\}$ d'une part, et d'autre part entre $[C\underline{V}V]$ et $[C\underline{V}V\ \{^{\#}_{C}\}]$ les paradigmes sont rigoureusement identiques. L'extension des formes n'est pas pertinente.

3.7. En résumé, $[C\underline{V}\ \{^{\#}_{C}\}]$ est redondant. Il nous reste deux contextes pertinents : $[C\underline{V}V]$ et $[V\underline{V}\ \{^{\#}_{C}\}]$

	i	ɪ	e	ɛ	ə	ɜ	a	u	ʊ	o	ɔ
$C\underline{V}V$	+	+	+	+	+	+	+	+	+	+	+
$V\underline{V}\{^{\#}_{C}\}$	+	+	-	-	-	-	-	+	+	-	-

CATÉGORIES DE VOYELLES

3.8. Deux catégories de voyelles sont attestées : $[^{+}_{-}]$ et $[^{+}_{+}]$. Nous appelons la matrice $[^{+}_{-}]$ catégorie I (Cat. I), celle $[^{+}_{+}]$ catégorie II (Cat. II).

Les voyelles (e, ɛ, ə, ɜ, a, o, ɔ) entrent dans la catégorie I.
Les voyelles (i, ɪ, u, ʊ) entrent dans la catégorie II.

Les voyelles de Cat. I et Cat. II sont définies par leur présence ou leur absence dans chacune des parties constitutives du noyau vocalique ou paradigmes.

Les matrices définissant chaque catégorie se lisent de la façon suivante :

- la première ligne de chaque matrice marque la présence ou l'absence de la voyelle dans le contexte $C\underline{V}V$, soit encore, dans la première partie du noyau vocalique.

- la deuxième ligne de chaque matrice marque la présence ou l'absence de la voyelle dans le contexte $V\underline{V}\ \{^{\#}_{C}\}$, soit encore dans la deuxième partie du noyau vocalique.

Ainsi, par exemple, les voyelles de la catégorie I sont présentes (la première ligne de cette matrice est [+]) dans le contexte $C\underline{V}V$ (donc la première partie du noyau vocalique) et absentes (la deuxième ligne de cette matrice est [-]) dans le contexte $V\underline{V}\ \{^{\#}_{\underline{C}}\}$ (donc la deuxième partie du noyau vocalique).

Distribution des catégories de voyelles

3.9. La distribution des catégories de voyelles au sein du noyau vocalique est la suivante :

	(C)	V	V	$(^{\#}_{C})$
(A)		cat.I. cat.II.	Ø	
(B)		cat.I. cat.II.	cat.II.	

(A) Noyau vocalique simple CV# ou CVC

(B) Noyau vocalique complexe CVV ou VV $\{^{\#}_{C}\}$

Ø indique une position vide ou un paradigme occupé virtuellement.

3.10. Il nous faut apporter quelques précisions à la distribution (A). Nous avons vu que le contexte $[CV\ \{^{\#}_{C}\}]$ n'était pas pertinent puisqu'il possédait le même paradigme que $[C\underline{V}V]$.

Cependant, ce contexte à noyau vocalique simple [V] existe, et, sous cette forme $[C\underline{V}\ \{^{\#}_{C}\}]$, n'est pas représentatif de la structure du noyau vocalique que nous avons posée soit : NV = [V + V]. Le laisser sous cette forme crée une ambiguïté, à savoir qu'il pourrait y avoir deux types de noyau vocalique : [V + V] et [V], complexe et simple. Il nous faut éviter ce type de solution qui n'est qu'une solution *ad hoc*. Certes, elle rend compte des réalisations du noyau vocalique, mais elle implique que chaque nouvelle réalisation s'accompagne d'une nouvelle structure de celui-ci. Si bien qu'il n'y a plus de différence entre la structure de base du noyau vocalique et les diverses réalisations de celle-ci. Il est donc nécessaire de trouver une structure qui généralise et unifie la multiplicité des réalisations.

3.11. Nous l'obtenons si nous posons comme référent de base la structure syntagmatique la plus large du noyau vocalique, soit dans l'immédiat [V + V].

Les réalisations [CV $\{{}^{\#}_{C}\}$], sont alors représentées dans leur structure de base (ou encore "structure profonde") comme étant en fait une structure [CVV $\{{}^{\#}_{C}\}$] où le deuxième élément du noyau vocalique est égal à zéro. La langue n'utilise pas toutes ses combinaisons systématiquement. La réalisation C$\underline{V}$Ø $\{{}^{\#}_{C}\}$ est la réalisation partielle de la structure syntagmatique de base du noyau vocalique V + V. En résumé, nous avons :

C	V	V	S
	Cat.I.	Ø	
	Cat.II.	Cat.II.	

structure de base qu'il faut dire de la manière suivante : la première partie du noyau vocalique peut être occupée soit par la catégorie I, soit par la catégorie II. Elle est suivie de la deuxième partie du noyau vocalique qui est occupée soit par zéro : Ø, soit par la catégorie II.

Combinaisons des catégories de voyelles

3.12. Cette structure donnée, nous examinons les diverses combinaisons et mettons à l'épreuve le fonctionnement des éléments dans celle-ci et donc elle-même en dernière syllabe.

Nous considérons :

a) les combinaisons [Cat.I + Ø] et [Cat.II + Ø]

b) [Cat.I + Cat.II]
[Cat.II + Cat.II.]

3.13. *Les combinaisons [Cat.I + Ø] et [Cat.II + Ø]*

Comment faut-il analyser les réalisations suivantes :

[bˈū]	"sang"	[dˈī]	"gris-bleu"
[dˈʊ̄]	"jambe"	[dˈīm]	"usé"

Ces voyelles appartiennent toutes à la Cat.II. Dans la mesure où elles se situent aussi bien dans la première que dans la deuxième partie du noyau vocalique, nous pouvons analyser ces réalisations de deux façons :

C	V	V	(#/C)
	Cat.II	Ø	
	ou		
	Ø	Cat.II	

Remarquons que cela n'est pas possible avec la Cat.I admise uniquement dans la première partie du noyau vocalique.

Dans le cas où une seule position est occupée, si l'occupant est de la Cat.I, c'est la première position qui est occupée; rien ne permet de supposer qu'il en est autrement lorsque l'occupant est de la catégorie II.

Nous proposons donc comme premier postulat :

Règle A - Tout élément de la catégorie II qui se combine avec zéro est à situer dans la première partie du noyau vocalique.

3.14. *Les combinaisons [Cat.I. + Cat.II]* *[Cat.II. + Cat.II]*

La combinaison [Cat.I + Cat.II] est permise et attestée. Elle ne pose aucune difficulté.

Examinons la combinaison [Cat.II + Cat.II] permise elle aussi. Nous devrions avoir les combinaisons des voyelles suivantes :

i + i	ɪ + ɪ	u + i	ʊ + ʊ
i + ɪ	ɪ + i	u + ʊ	ʊ + u
i + u	ɪ + u	u + i	ʊ + i
i + ʊ	ɪ + ʊ	u + ɪ	ʊ + ɪ

3.15. Il est opportun de préciser que les voyelles de la langue peuvent se répartir en deux séries que nous appellerons provisoirement l'une tendue (première série), l'autre relâchée (deuxième série)[23].

- Voyelles tendues : [i, e, ɜ, u, o]
- Voyelles relâchées : [ɪ, ɛ, ə, a, ʊ, ɔ]

Cette division est dictée par la langue qui utilise cette partition dans le cadre de l'harmonie vocalique. Ainsi, un mot possède soit des voyelles tendues, soit des voyelles relâchées, mais jamais de combinaisons entre elles.

[dùwɔ̀rí] "grue couronnée"

[dʊ̀ŋɔ̀ŋɔ̀f] "caméléon"

3.16. Parmi les combinaisons en [Cat.II + Cat.II] (*infra* 3.14), certaines ne sont donc pas acceptées. Nous posons une règle de l'har-

[23] Nous aurions pu adopter une dénomination plus formelle, groupe I, groupe II. Sur ce problème, de plus amples informations sont données en 5.53, 5.54, 5.55.

monie vocalique, restrictive dans la combinaison [Cat.II + Cat.II] mais générale puisqu'elles s'appliquent aux diverses combinaiscns entre les éléments de [Cat.I + Cat.II].

Règle B - Si la voyelle de la première partie du noyau vccalique est tendue, la voyelle de la deuxième partie le sera aussi. Si elle est relâchée, l'autre sera relâchée.

3.17. Il nous faut remarquer que, là encore, comme pour le postulat A, nous émettons implicitement un postulat qui s'énonce ainsi dans ce cas : c'est la première partie du noyau vocalique qui influence la seconde. C'est un postulat, car rien ne nous prouve qu'il ne s'agisse pas du contraire.

Si nous postulions ce contraire, soit la deuxième partie du noyau vocalique influence la première, nous aurions dans celle-ci non plus onze phonèmes, mais un certain nombre d'archiphonèmes dont les réalisations seraient conditionnées par les éléments de la deuxième partie du noyau vocalique.

[g'ʒ̄ú] "féticheur"

Si [u] conditionne [ɜ], nous pouvons écrire /A/ archiphonème qui se réalise [ɜ] s'il est suivi d'une voyelle tendue [i], [u], (deuxième partie du noyau vocalique) et [a] (ou [ə]) s'il est suivi de [ɪ] ou [ʊ] (voyelles relâchées de la deuxième partie du noyau vocalique).

3.18. Cette hypothèse n'est plus soutenable quand, dans la première partie du noyau vocalique, la catégorie I se combine avec zéro. Nous sommes en effet amené à transcrire non pas l'archiphonème mais sa réalisation puisqu'aucun contexte n'est déterminant. Cette hypothèse qui ne donne pas de systématisation dans les combinaisons est à rejeter. Nous conservons donc notre postulat que nous appelons postulat B et qui s'énonce ainsi : l'harmonie vocalique est progressive et a son point de départ dans le premier paradigme vocalique de la première syllabe.

3.19. Nous avons donc dans la deuxième partie du noyau vocalique la catégorie II qui passe de quatre phonèmes jusqu'à présent, à deux archiphonèmes que nous notons /W/ et /Y/ pour des commodités de typographie.

/W/ se réalise < [u] quand il est précédé d'une voyelle tendue
[ʊ] quand il est précédé d'une voyelle relâchée

/Y/ se réalise < [i] quand il est précédé d'une voyelle tendue
[ɪ] quand il est précédé d'une voyelle relâchée

3.20. Après application de la règle B, des combinaisons entre [Cat. II + Cat.II] il nous reste :

i + i	ɪ + ɪ	u + u	ʊ + ʊ
i + u	ɪ + ʊ	u + i	ʊ + ɪ

La deuxième ligne est bien attestée (*supra* Tableau 3.4.). La première ligne ne l'est pas et pourtant elle est permise. On peut dire que cette combinaison est virtuellement réalisable.

Cependant, cette distribution lacunaire disparaît si nous interprétons la longueur vocalique comme une succession de deux phonèmes vocaliques de même timbre.

De fait, [i], [u], [ɪ] et [ʊ] longs sont bien attestés dans la langue :

[bǔú]	"cendre"	[kʊ́rʊ́ˈʊ̄]	"joue"
[kàlfˈɪ̄]	"épine"	[k3̀ppɪ́ɪ́]	"arc"

D'où une nouvelle règle :

Règle C - Les voyelles longues doivent être réécrites comme une succession de deux voyelles de même timbre.

3.21. Examinons maintenant les combinaisons [Cat.II + Cat.I] et [Cat.I + Cat.I].

[Cat.II + Cat.I] est une combinaison qui n'est pas permise et qui n'est pas attestée; elle ne pose aucun problème.

[Cat.I + Cat.I]; d'après la précédente combinaison et de façon générale, d'après le fait que la [Cat.I] ne peut se trouver dans la deuxième partie du noyau vocalique, elle ne devrait pas être permise. Cependant, elle pose des problèmes.

Examinons les combinaison possibles.

e + e	ɛ + ɛ	3 + 3	ə + ə	a + a	o + o	ɔ + ɔ
e + ɛ	ɛ + e	3 + ə	ə + 3	a + ə	o + ɔ	ɔ + o
e + ə	ɛ + ə	3 + a	ə + a	a + 3	o + ə	ɔ + ə
e + 3	ɛ + 3	3 + e	ə + ɛ	a + ɛ	o + 3	ɔ + 3
e + a	ɛ + a	3 + ɛ	ə + e	a + e	o + ɛ	ɔ + ɛ
e + o	ɛ + o	3 + o	ə + o	a + o	o + a	ɔ + e
e + ɔ	ɛ + ɔ	3 + ɔ	ə + ɔ	a + ɔ	o + e	ɔ + a

3.22. La règle B de l'harmonie vocalique évacue un certain nombre de combinaisons non permises. Il reste :

e + e	ɛ + ɛ	3 + 3	ə + ə	a + a	o + o	ɔ + ɔ
e + 3	ɛ + ə	3 + e	ə + ɛ	a + ə	o + e	ɔ + ə
e + o	ɛ + a	3 + o	ə + a	a + ɛ	o + 3	ɔ + a
	ɛ + ɔ		ə + ɔ	a + ɔ		ɔ + ɛ

Les trois dernières lignes sont impossibles et ne sont pas attestées. Les contrastes entre voyelles de la catégorie I sont bien interdits.

En ce qui concerne la première ligne, la règle C s'applique. Nous avons donc une quatrième règle :

Règle D - Une succession de deux voyelles appartenant toutes deux à la catégorie I est possible si elles sont du même timbre.

[dˈōól] "singe"

[kˈāá] "bâton"

Nous analysons ces unités accentuelles de la façon suivante :

C	V	V	{#/C}
d	o	o	l
k	a	a	#
	Cat.I	+ Cat.I	

3.23. Il est alors évident que la structure du noyau vocalique est remise en cause, qui n'admet pas dans sa deuxième partie la catégorie I (*supra* 3.9.).

Nous envisageons quatre possibilités qui pourraient résoudre cette contradiction.

- Notre interprétation des voyelles longues est erronnée. La longueur est alors considérée comme un trait de la voyelle au même titre que l'aperture. Un phonème vocalique bref s'oppose à un phonème vocalique long.
- La longueur est la réalisation d'une consonne. La longueur est à intégrer à la marge consonantique.
- la structure du noyau vocalique doit être redéfinie.

Nous récusons les arguments en faveur des deux premières hypothèses. Nous définissons précisément la troisième solution.

PROBLÈME DE LA QUANTITÉ VOCALIQUE

3.24. Dans la première hypothèse, la quantité vocalique aurait une fonction distinctive que l'on peut manifester par la recherche classique des paires minimales.

Celles-ci sont très rares dans la langue et la plupart du temps fort incorrectes.

[nˈē]	"décision"	[nˈēé]	"mariage"
[bˈū]	"sang"	[bǔú]	"cendre'
[kʊ́rˈʊ̄]	"le premier-né"	[kʊ́rʊ́ˈʊ̄]	"joue"
[kálˈī]	"serre, ongle, grille"	[kàlfˈī]	"épine"
[bə́lˈā]	"polder"	[bə̀láˈā]	"trou"
[bùrú]	"brouillard de sable"	[bʊ̀rʊ́ˈʊ̄]	"grand cri"

Il semble donc que la fonction distinctive de la quantité vocalique ne soit pas fondamentale.

Même si elle entretient des rapports d'opposition avec des segments sans longueur, il n'est pas dit pour autant qu'elle s'exerce uniquement sur le plan paradigmatique et que c'est là sa fonction principale. Ces oppositions, en effet, peuvent être le fruit du hasard.

3.25. Certains faits nous montrent qu'il s'agit bien d'une succession de deux voyelles.

Certains mots ont perdu ou perdent une syllabe. Ce phénomène se manifeste par la chute d'une consonne, la plupart du temps une occlusive orale sonore : tandis que la voyelle qui la suivait demeure, formant avec la voyelle qui la précède une seule syllabe.

Si les voyelles, situées de part et d'autres de la consonne qui s'amuit, sont identiques, nous obtenons à l'audition une voyelle longue, qui de fait, n'est que la succession de deux voyelles identiques. Si elles sont dissemblables, nous obtenons une diphtongue.

3.26. La consonne s'amuit, les voyelles sont identiques, nous avons une voyelle longue :

[kúgúrɪ́]	"omoplate"	>	[kúúrɪ́]
[kúgú]	"violon"	>	[kúú]
[njʊ́sʊ̀]	"égal"	>	[njʊ́ʊ̀]

3.27. La consonne s'amuit, les voyelles ne sont pas identiques. Nous avons deux cas suivant les groupes sociaux.

- les non scolarisés et peu urbanisés conservent les différentes voyelles.

[lɪ́y'ēm]	>	[lɪ́'ēm]	"mors de cheval"

- les scolarisés urbanisés réalisent une voyelle longue :

[lɪ́y'ēm]	>	[lé'ēm]

3.28. La coexistence dans la langue de forme [VV] et [V:] de signifié identique démontre ainsi la validité de l'interprétation des voyelles longues comme succession de deux voyelles identiques.

[tóúró] } [tú:ró]	"cachette"	[tú:ró]	se réécrit	[túúró]
[yùngóúnè] } [yùngó:nè]	"vomis !"	[yùngó:nè]	se réécrit	[yùngóónè]
[tóúnè] } [tú:nè]	"cesse d'être libertin"	[tú:nè]	se réécrit	[túúnè]

3.29. Ces différents niveaux de langue n'ont aucun caractère diachronique puisqu'ils représentent les variabilités actuelles d'un même système. Ces variabilités sont liées comme nous l'avons vu à l'âge des locuteurs, jeunes / vieux, au degré de scolarisation et en même temps au degré d'urbanisation, aux conditions sociales : "broussards" (éleveurs vivant à l'écart des villages) ou éleveurs semi-nomades, paysans des villages.

On pourrait donner le schéma suivant d'évolution pour les exemples ci-dessus :

a) Mot dans sa forme large.

[ɲɜ́βú] "taureau-boeuf" (Vieux locuteurs)

b) Coexistence entre la forme large du mot et sa forme diphtonguée :

[ɲɜ́ú]
[ɲɜ́βú] "taureau-boeuf" (Locuteurs "broussards")

c) Seulement la forme diphtonguée.

[ɲɜ́ú] "taureau-boeuf" (Jeunes locuteurs scolarisés et urbanisés)

d) Coexistence entre la forme longue et celle diphtonguée.

[yùngóúnè]
[yùngóónè] "vomis"

Cette coexsitence n'existe pas si les voyelles sont identiques comme nous l'avons vu.

En résumé, et pour répondre à la question initiale, la longueur vocalique n'est pas un trait distinctif. Elle est bien une succession de deux voyelles.

3.30. La longueur est-elle la réalisation d'une consonne ? Certains exemples, rares au demeurant, pourraient nous le faire croire.

[ndʊ́mmá]
[ndʊ́:má] "actuellement, maintenant" (Composé)

La longueur s'est ici substituée à la gémination.

La longueur vocalique n'est pas la réalisation d'une voyelle + consonne; à cela plusieurs raisons :

- il est délicat d'émettre des hypothèses à partir des composés :

  [ndʊ + ma]

- bien que la longueur puisse affecter la réalisation de la géminée :

  [ndɜ́:kɜ́] au lieu de [ndɜ́:kkɜ́] "beignet fait à l'occasion d'un sacrifice"

ce phénomène ne remet pas en cause sa place dans le noyau vocalique.

- si la longueur équivalait à une consonne, on aurait les séquences suivantes de consonnes, interdites dans la langue :

[ɭà:rcɛ́] "ceinture en étoffe" *CV<u>CCC</u>V

[nɜ̀rí:n] "écureuil" *CVCV<u>CC</u>

Conclusion, la longueur vocalique est bien la réalisation de deux voyelles de même timbre.

NOUVELLE DÉFINITION DU NOYAU VOCALIQUE

3.31. Le noyau vocalique nécessite donc une nouvelle définition. On commencera par la récapitulation des combinaisons :

[Cat.I + Cat.II] Combinaison permise et attestée.
La seule restriction est la règle B de l'harmonie vocalique.

[Cat.II + Cat.I] Combinaison non permise et non attestée.

[Cat.II + Cat.II] Permise.
Attestée dans le cadre de contrastes vocaliques [i + u] ou [u + i], [ʊ + ɪ] et [ɪ + ʊ], la règle B de l'harmonie vocalique étant ici aussi rigoureuse.
Restituée dans le cadre de voyelles identiques puisque les voyelles longues sont considérées comme succession de deux voyelles identiques.

[Cat.I + Cat.I] Non permise et pourtant attestée si l'on généralise la règle des voyelles longues comme en formant deux identiques.
D'après cette règle, et puisque [Cat.II + Cat.I] est interdit, le cadre de l'attestation de cette combinaison sera l'homophonie des voyelles participant à celle-ci.

3.32. Il nous faut reconsidérer les inventaires du noyau vocalique.

C	V	V	$\{{}^{\#}_{C}\}$
	Cat.I	Cat.I	
	Cat.II	Cat.II	

Ce schéma est cependant ambigu. En effet, des combinaisons apparaissent, qui ne sont pas permises.

Cat.II + Cat.I

Cat.I + Cat.I (permise avec des restrictions)

Il nous faut donc aller plus loin et reconsidérer outre les inventaires, la structure du noyau vocalique.

3.33. Nous posons un noyau vocalique à trois paradigmes.

C	V_1	V_2	V_3	C
	Cat.I	Cat.I	Cat.II	

Les règles posent :

Règle E - l'existence de trois paradigmes vocaliques, V_1, V_2, V_3.

Règle F - Règle des différentes relations entre les paradigmes vocaliques.
- V_2 n'existe pas sans V_1.
- V_3 n'existe pas sans V_1.

Il existe donc un rapport unilatéral de dépendance entre d'une part V_2 et V_1 et d'autre part entre V_3 et V_1; V_1 est respectivement présupposé par V_2 et V_3.

Si le paradigme V_3 présuppose le paradigme V_2 d'un point de vue structurel, les réalisations en V_3 ne présupposent pas celles de V_2; les réalisations de V_2 et V_3 ne se présupposent pas, entretenant un rapport de type autonome.

- entre V_1 et V_2, il n'existe pas de contrastes vocaliques.
- entre V_1 et V_3, il n'existe que des contrastes vocaliques.

Le noyau vocalique se présente donc comme ayant toujours une base V_1 et des expansions V_2 et V_3.

3.34. Nous avons donc les combinaisons suivantes :

V_1	Ø	Ø	[bˈū]	"sang"
			[dˈā]	"viande"
V_1	V_2	Ø	[dˈōó̱l]	"singe"
			[fʊ́ˈʊ̄]	"devant"
V_1	Ø	V_3	[kˈāf]	"roseau"
			[bˈīú]	"hâche"
V_1	V_2	V_3	[kóóf̍]	"prostituée"
			[dééú]	"quatre"

En ce qui concerne la dernière combinaison, remarquons que V_1, V_2 ne peuvent contenir que la catégorie I dans la mesure où il doit nécessairement y avoir contraste avec V_3 qui ne peut contenir que la catégorie II. Ceci est bien attesté dans le corpus.

Notons que cette dernière combinaison est très rarement attestée; elle demeure néanmoins une justification essentielle à la nécessité d'élargir la structure du noyau vocalique telle que nous la présentons en 3.33.

CONCLUSION ET RÉSUMÉ

3.35. La structure du noyau vocalique est constituée de trois paradigmes vocaliques : V_1, V_2, V_3.

Ils peuvent être définis de la manière suivante :

V_1 - étant situé à la frontière de la marge consonantique prévocalique et suivi de V_2.

V_2 - défini comme n'ayant aucun contact avec les marges consonantiques donc toujours situé en V_1 et V_3.

V_3 - défini comme étant toujours précédé de V_2 et situé à la frontière de la marge consonantique post-vocalique.

3.36. A l'intérieur de ces paradigmes, nous avons deux catégories de voyelles : Cat.I et Cat.II.

Cat. I (e, ɛ, o, ɔ, ə, ɜ, a)

Cat. II (u, ʊ, i, ɪ)

Les catégories se définissent de la façon suivante :

Cat.I - pouvant appartenir aux paradigmes V_1 et V_2.

Cat.II - pouvant appartenir à tous les paradigmes, V_1, V_2 et V_3.

3.37. Nous énumérons l'ensemble des règles concernant les combinaisons de paradigmes et les combinaisons de catégories de voyelles.

Combinaisons de paradigmes V_1, V_2, V_3

V_1	ø	ø
V_1	V_2	ø
V_1	ø	V_3
V_1	V_2	V_3

REGLES

(I) - V_2 n'existe pas sans V_1.
- V_3 n'existe pas sans V_1.

(II) - entre les voyelles de V_1 et de V_2, il n'existe pas de contrastes vocaliques.

- entre les voyelles de V_1 et de V_3, il n'existe que des contrastes vocaliques.
(I) et (II) représentent la règle F, *supra* 3.33.

3.38. **Combinaisons de catégories de voyelles**

REGLES

(III) - Cette règle est en fait un postulat :

Tout élément de la Cat.II ou de la Cat.I qui se combine avec zéro est à situer dans V_1 (III représente le postulat A, *supra* 3.13.).

Remarque - Par rapport au premier libellé de ce postulat, nous avons ajouté Cat.I, puisque nous avons vu depuis qu'elle pouvait entrer dans un autre paradigme V_2. Ce postulat est en fait le corollaire de la règle (I).

(IV) Les voyelles longues doivent être réécrites comme une succession de deux voyelles de même timbre (*supra* règle C, 3.20).

(V) Règle de l'harmonie vocalique (*supra* Règle B, 3.16.). Si la voyelle de la première partie du noyau vocalique est tendue, la voyelle de la troisième partie (V_3) le sera aussi. Si elle est relâchée, l'autre aussi sera relâchée.

Remarque - Il est redondant de parler de l'harmonie vocalique pour (V_2) dans la mesure où la règle (II) nous dit qu'il n'existe pas de contraste entre V_1 et V_2.
Cette remarque s'applique aussi à l'ex-règle D, où il était dit qu'une succession de deux voyelles appartenant toutes deux à la Cat.I est possible si elles ont le même timbre.

(VI) Règle concernant la catégorie II quand elle est située en V_3.

Cette catégorie est réduite dans ce contexte à deux archiphonèmes.

/w/ se réalise < [u] quand il est précédé d'une voyelle tendue.
[ʊ] quand il est précédé d'une voyelle relâchée.

/Y/ se réalise < [i] quand il est précédé d'une voyelle tendue.
[ɪ] quand il est précédé d'une voyelle relâchée.

4. LES OPPPOSITIONS CONSONANTIQUES

REMARQUE LIMINAIRE

4.1. L'analyse distributionnelle des consonnes et des voyelles nous a permis de connaître la structure syllabique du kanembou et d'établir le système des éléments sur la base de leurs relations. Il est maintenant possible de présenter les paires minimales de manière rigoureuse en opposant les éléments que nous savons appartenir au même paradigme. Chaque unité n'est pas opposée à l'ensemble des unités appartenant au même paradigme; le choix des oppositions est fonction des réalités et des affinités phonétiques de chacune des unités. Elles sont par ailleurs effectuées en contexte phonologique.

Même si les schèmes tonals ne sont pas identiques dans les paires de mots présentés, l'opposition phonologique des sons sera considérée comme sûre si elle a lieu en des contextes identiques ou semblables.

L'intensité perçue dans certaines unités accentuelles a été notée jusqu'à présent phonétiquement. Lors de la présentation des "paires minimales" des consonnes et des voyelles, la transcription en est phonologique; cela pour deux raisons :

- la transcription de la chaîne segmentale est phonologique.
- pour des besoins de typographie : la chaîne supra-segmentale est allégée d'un signe.

Donc, au lieu de [CˈV̄] nous devrions écrire /CˈV̀/ puisque la réalisation [CˈV̄] a été interprétée comme une modification du ton Bas sous l'accent. Cependant, nous avons réduit la transcription phonologique à /CˈV/ dans la mesure où l'intensité n'est perçue que lorsqu'elle affecte un ton Bas.

4.2. Nous séparons éléments de la marge syllabique (Chapitre 4) et élément du centre syllabique (Chapitre 5). Pour chaque unité, nous présentons une description phonétique en termes de phonétique articulatoire classique. Nous donnons aussi les différentes réalisations liées au contexte. A l'issue de l'épreuve de la commutation, chaque élément est défini par des faits de substance en terme de traits distinctifs en fonction des paradigmes auxquels il appartient, soit en fonction de sa place dans la syllabe. L'analyse n'est donc plus relationnelle introduisant une division des phonèmes en traits pertinents. Nous donnons ensuite un classement des unités distinctives.

4.3. Nous envisageons dans un premier temps les oppositions à l'intérieur du paradigme initiale de syllabe qui regroupe deux catégories de consonnes soit :

Cat.I [p, t, c, k, b, d, ɟ, g, mb, nd, nɟ, ng, f, s, w, y]

Cat.II [m, n, ɲ, ŋ, l, r]

Les traits proprement distinctifs sont ceux qui opposent les phonèmes à l'intérieur de ces catégories.

Dans un deuxième temps, les oppositions à l'intérieur du paradigme finale de syllabe qui regroupe la catégorie [M, l, r]

OPPOSITIONS CONSONANTIQUES DANS LE PARADIGME INITIALE DE SYLLABE

Opposition à l'intérieur de la catégorie I

La faible fréquence d'attestation du phonème /p/ ne nous permet pas de présenter des oppositions.

Le phonème /b/

4.4. b/mb

bár'ɛ	"agriculture"	mbár'a	"oncle paternel le plus âgé"
bɔ́d'ʊ	"ouaddi (dépres- sion interdunaire)"	mbád'ʊ	"nager"
b'ʊlʊ́m	"bouillie"	mbʊ̀lʊ́	"gombo"
b'ʊrʊ́m	"rivière, fleuve, lac"	mbʊ̀rʊ́	"enfant qui marche tardivement"
bìkɛ́	"jeu"	mbɪ́k'ɪ	"vieille natte"
bàllɛ́	"le jour" (contraire de nuit)	mbàlɛ́	"nom donné à l'animal égaré dans un troupeau étranger"

4.5. b/f

bùdú	"buisson"	fùdú	"souffler"
b'ʋl	"blanc"	f'ʋl	"marigot"
bɔ́t'ə	"bousculer"	fɔ́t'ə	"unir, mélanger"
bàllɛ́	"jour" (contraire de nuit)	fàllɛ̌	"change !"
bár'ɛ	"agriculture"	fárɛ́	"un pari"
bàndɛ́	"attache !"	fándə́	"avoir de nombreux clients"

4.6. b/d

bálà	1."maladie, sp. vache" 2."couleur, sp. cheval, blanc, marron".	dálà	1."tape portée à son interlocuteur en riant; tape amicale" 2."coup de pied dans l'eau"
b'əlá	"polder"	d'əlá	"chacal"
bɔ̀rɔ́	"rangée"	dɔ̀rɔ́	"rive"
b'ʋl	"blanc"	d'ʋl	"droite" (différent de gauche)

4.7. Le phonème /b/ est réalisé comme une occlusive, sonore bi-labiale, douce et non aspirée. Une coarticulation labio-vélaire apparaît devant les voyelles o et ɔ en initiale de syllabe après pause. Il subit le phénomène de lénition entre deux voyelles, soit les contextes -VC̱V- et -VCC̱V- (*supra* 2.42 et 2.61) et se réalise en une spirante [β]).

Remarque - La définition que donne A. MARTINET (1970a : 258) de ce phénomène permet d'écarter toute ambiguïté quant au statut de cette réalisation : "La lénition est un processus phonétique par lequel toute consonne qui se trouve en position intervocalique voit son articulation affaiblie. Phonologiquement, il nous semble que nous devrions la décrire comme l'apparition d'un ensemble de variantes combinatoires, chaque consonne étant justiciable de deux articulations différentes, l'articulation primitive en position non-adoucissante et une articulation affaiblie en position adoucissante. Elle ne devrait pas avoir pour résultat l'apparition de nouveaux phonèmes, aussi longtemps que reste inchangé le contexte qui a conditionné le changement".

Le phonème /mb/

4.8. mb/b (*supra* 4.4)

Remarque - Les difficultés de trouver de véritables oppositions b/mb (4.4.), mb/m tiennent dans la faible fréquence d'attestation d'unités accentuelles avec /mb/ initiale de syllabe après pause.

4.9. mb/f

mbás'a	"carpe"	fás'ar	"matin"
mbík'ɛ	"vieille natte"	f'ikí	"hibou"
mbárà	"chasse"	fʋ́rà	"aide"
mbád'ʋ	"nager"	fádʋ́	"corde pour attacher les pieds des animaux"

4.10. mb/nd

mbə́t'ɜ	"oncle paternel cadet"	ndə́t'ɜ	"tante maternelle cadette"
mb'a	"père"	nd'a	"fais-voir"
d'ɜmbə́	"grosse calebasse"	tə̀ndə́	"se moucher"
kámbá'a	"veuf"	màndá	"sel"

4.11. Le phonème /mb/ est réalisé comme une mi-nasale, bi-labiale, sonore.

La règle phonétique de TROUBETZKOY (1970 : 60), même si nous ne l'utilisons pas pour une argumentation phonologique, s'applique ici parfaitement : "... sa durée ne dépasse pas la durée de réalisation des autres phonèmes existant dans la langue".

Devant les voyelles o et ɔ, une coarticulation labio-vélaire apparaît.

Le point de l'articulation nasale, homorganique de l'articulation orale, est conditionné par le contexte et n'est donc pas pertinent. Nous sommes en présence d'une assimilation régressive :

m⃖b, n⃖d, n⃖ɟ, ŋ⃖g

Si nous donnons une transcription phonologique stricte, nous obtenons : nb, nd, nɟ, ng qui se réalisent respectivement [mb], [nd], [nɟ], [ŋg]. Nous conservons la transcription mb, nd, nɟ, ng pour faciliter la lecture.

Le phonème /f/

4.12. f/b (*supra*. 4.5)

4.13. f/mb (*supra*. 4.9)

4.14. f/s

fàlɗə́	"changer"	sàlɗə́	"poser un piège"
fàndə́	"entendre"	sàndə́	"partager"
fʊ̀dʊ́	"souffler"	sʊ̀dʊ́	"respirer"
fààrǎ	"écolier de l'école coranique"	sààrá	"couleur de cheval brun et blanc mélangés, sp."
fínd'ə	"récupérer les pailles d'une maison qui tombe en ruine"	sínd'ə̄	"essuyer"

4.15. Le phonème /f/ est réalisé comme une continue sourde, labio-dentale. Devant les voyelles postérieures u, ʊ, o, il se réalise comme une spirante bi-labiale [Φ].

Le phonème /t/

4.16. t/d

tə́də̀	"partie inférieure de l'enclume"	də́də̀	"laisser"
tàrɗə́	"étaler au soleil"	dàrɗə́	"aligner"
tàtə́	"filtrer"	dàtə́	"refuser"
tàt'ə	"transvaser"	dát'ə	"craindre"

4.17. t/nd

tàlDə́	"trébucher"	ndàlDə́	"voler, dérober"
tátˈə	"transvaser"	ndátˈə	"poser la première graine dans un champ".
lùtú	"séparer les grains de l'épi"	lùndú	"poing"
nàtə́	"parler avec le bout du doigt"	nàndə́	"casser"

4.18. t/s

tàndə́	"tirer"	sàndə́	"partager"
tàtə́	"filtrer"	sàtə́	"rafraîchir"
tátˈə	"transvaser"	sátˈə	1."séparer"
			2."sevrer"
tárDˈə	"écarter"	sárDˈə	"balayer avec la main par coups vifs"
tútˈu	"cesser d'être frivole, libertin"	sútˈu	"piquer"

4.19. t/c

tàtə́	"filtrer"	càtə́	"fouiller"
tátˈə	"transvaser"	cátˈə	1."couvrir"
			2."réunir"
tárDˈə	"écarter"	cárDˈə	"heurter"

4.20. Le phonème /t/ est réalisé comme une occlusive sonore, apicale, forte et légèrement aspirée.

Le phonème /d/

4.21. d/t (*supra* 4.16)

4.22. d/nd

dátˈə	"craindre"	ndátˈə	"poser la première graine dans un champ"
dɜ́tˈɜ	"invitation"	ndɜ́tˈɜ	"tante maternelle cadette"
dʊ́lˈʊ	"bi-sac pour âne et autrefois pour chameau"	ndʊ́lˈʊ	"sein"

4.23. d/s

dàdə́	1."s'arrêter"	sàdə́	"essayer, tenter"
	2."se tenir debout"		
dˈɪmɪ́	"brebis, mouton"	sɪ́mɪ́	"récipient pour le lait"
dˈuló	"corde pour accoupler les vaches, la nuit, afin de les empêcher de brouter"	súlˈo	"os, arête"
dˈa	"viande"	sˈa	"heure, moment"
dɪ́lˈi	"brousse"	sɪ́lˈi	"amusement"

dálDə̀	"se lever, étant couché"	sálDə̀	"s'exciter violemment"
dʊ́g'ʊ	"Haddad"	sʊ́gʊ́	"deuxième enfant né après la mort du premier"

4.24. d/b (*supra* 4.6)

4.25. d/ɟ

dàdə́	1."s'arrêter" 2."se tenir debout"	ɟàdə́	"mesurer avec une coudée"
dɔ̀lɛ̌	"obligatoire"	ɟɔ̀lɛ́	"chien tacheté de brun et de blanc, sp."
dɛ́d'ə	"cuire"	ɟɛ́d'ə	"attraper"
d'uló	"corde pour mettre les vaches en couple la nuit"	ɟúl'o	"creux peu profond"
dádə̀	"taille"	ɟádə̀	"(le) pouvoir"
dálD'ə	"tremper"	ɟálD'ə	"être las"
d'a	"viande"	ɟ'a	"coudée"

4.26. Le phonème /d/ est réalisé comme une occlusive sonore, apicale, douce et non aspirée.
Dans les contextes -VC̱V- et -VCC̱V-, le phonème /d/ s'affaiblit. Cependant, si la friction est bien perceptible pour l'occlusive labiale b dans les mêmes contextes, elle l'est beaucoup moins pour d et g. Il s'agit d'occlusives imparfaites.

Le phonème /nd/

4.27. nd/t (*supra* 4.17)

4.28. nd/d (*supra* 4.22)

4.29. nd/s

ndə́B'i	"prophète"	sə́B'i	"il nous mange"
ndàlDə́	"dérober"	sàlDə́	"poser un piège"
ndát'ə	"poser la première graine dans un champ"	sát'ə	"séparer, sevrer"
ndál'a	"poisson sp."	sál'a	"prière"
ndə́rGə̀	"partie du corps situé entre les testicules et le ventre, sp. animaux"	sə́rGə̀	"envoûtement"

4.30. nd/mb (*supra* 4.10)

4.31. nd/nɟ

ndə́b'i	"prophète"	nɟə́b'i	"il vous mange"
ndát'ə	"poser la première graine dans un champ"	nɟát'ə	"prendre un morceau de boule"
ndál'a	"poisson, sp."	nɟálá	"arbuste"

4.32. Le phonème /nd/ se réalise comme une occlusive apicale, sonore.

Le phonème /s/

4.33. s/t (*supra* 4.18)

4.34. s/d (*supra* 4.23)

4.35. s/nd (*supra* 4.29)

4.36. s/f (*supra* 4.14)

4.37. s/y

sáBɪ́	"couverture de livre ou de cahier"	yáBɪ́	"drap"
sàkə́	"sagaie"	yàkə́	"trois"
sàdə́	"essayer"	yádˈə	"étendre ou tendre"
sálDə̀	"exciter violemment"	yálDə̀	"heurter, bousculer"
sárDˈə	"balayer avec la main par coups vifs"	yárDˈə	"avoir la diarrhée"
sátˈə	"sevrer"	yátə̀	"balayer"

4.38. Le phonème /s/ se réalise comme une sifflante articulée dans la partie alvéolaire du palais.

Le phonème /c/

4.39. c/ɟ

cɜ̀llú	"fille née après 3 garçons ou garçon né après 3 filles"	ɟɜ̀llú	"un croche-pied"
cálDˈə	"couper, récolter"	ɟálDˈə	"être excédé"
cˈeɪ́	"il attrape"	ɟˈeɪ́	"il t'attrape"
cˈa	"peu avant"	ɟˈa	"coudée"

4.40. c/nɟ

cátˈə	1."couvrir, fermer" 2."réunir"	nɟátˈə	"prendre un morceau de boule"
cé	"qu'il lui donne !"	nɟé	"qu'il te donne !"
cɪ́	"il lui a donné"	nɟɪ́	"il t'a donné"
cúwédɪ̀	"il tape"	nɟúwédɪ̀	"il te tape"
cúnˈi	"il voit"	nɟúrˈi	"il te voit"

4.41. c/y

cádˈə	"fermer"	yádˈə	"étendre"
cɜ̀llú	"fille née après 3 garçons ou garçon né après 3 filles"	yɜ̀llú	"hurlement"
cùndě	"qu'il avale !"	yùndě	"avale !"
cɔ́rɔ́	"ventre, intérieur"	yɔ̀rɔ́	"ensemble"

4.42. c/t (*supra* 4.19)

4.43. c/k

cád'ə	1."couvrir, fermer" 2. "réunir"	kád'ə	"poursuite"
càárá	"pluie"	káár'a	"oiseau sp."
c'arí	"vieil homme"	kár'ɪ	"tique"
cát'ə	"couvrir, fermer"	kát'ə	"amollir, sp. inanimé"
cʊ́s'ʊ	"couleur"	kʊ́s'ʊ	"un bon de crédit"

4.44. Le phénomène /c/ se réalise comme une occlusive orale sourde forte et légèrement aspirée. Sa réalisation instable en fait parfois un [ty] ou un [ky]. Précisons qu'il s'agit bien d'une variante phonétique sans aucun caractère distinctif. Cette articulation se décompose en une implosion pré-palatale ou post-palatale et un relâchement très bref, fricatif. Le dos de la langue entre en contact avec le palais dur tandis que la pointe de la langue tend vers les alvéoles des incisives inférieures. Sa durée n'est pas supérieure à celle d'un phonème non complexe.

Certains locuteurs, et notamment notre premier informateur le réalisaient comme un affriquée [tʃ].

Le phonème [ɟ]

4.45. ɟ/c (*supra* 4.39)

4.46. ɟ/nj

jɔ̀wɔ́	"panier"	nɟɔ̀wɔ́	"bonnet"
jʊ́d'ʊ	"pousser"	nɟʊ́d'ʊ	"sexe féminin"
ɟák'a	"koro (mesure sp.)"	nɟák'a	"oiseau (palmipède sp.)"

4.47. ɟ/y

ɟɛ́d'ə	"attraper"	yɛ́d'ə	"répondre à un appel"
ɟátə̀	"ramener"	yátə̀	"balayer"
ɟ'al	"laborieux"	y'al	"enfants" (*plur.*)

4.48. ɟ/d (*supra* 4.25)

4.49. ɟ/g

ɟɔ̀tʊ́	"se tenir raide"	gɔ̀tʊ́	1."piquer légèrement" 2."provoquer"
ɟ'ɜú	"difficile"	g'ɜú	"féticheur"
ɟ'a	"coudée"	g'a	"*Quinqualus ocutangulus*"

4.50. Le phonème /ɟ/ est réalisé comme une occlusive orale, sonore, douce et non aspirée. Sa réalisation instable en fait tantôt un [dy], tantôt un [gy] (cf. remarques en 4.44).

Le phonème /nɟ/

4.51. nɟ/c (*supra* 4.40)

4.52. nɟ/ɟ (*supra* 4.46)

4.53. nɟ/y

kə̀nɟˈa "fait de boire" — kı̀yˈaá "lance"
nɟɛ̀tɛ́ "qu'il t'abreuve" — yɛ̀tɛ́ "abreuve !"
nɟíBˈɛ "qu'il te mange !" — yíBˈɛ "achète !"
nɟálá "arbuste" — yálá "aubergine"

4.54. nɟ/nd (*supra* 4.31)

4.55. nɟ/ng

nɟʊ̀lʊ́ "salive" — ngʊ̀lʊ́ "griot"
nɟírí "frère" — ngı̀rí "antilope"
kànɟʊ́ "insalubre" — kàngˈə "fièvre"
nɟátˈə "prendre" — ngàtə́ "rester"
nɟálá "arbuste" — ngˈalá "haricot"
nɟálˈɪ "Graminaceae sp." — ngààlí "épi de maïs ou de mil"

4.56. Le phonème /nɟ/ est réalisé comme une mi-nasale, palatale, sonore.

Le phonème /y/

4.57. y/c (*supra* 4.41)

4.58. y/ɟ (*supra* 4.47)

4.59. y/nɟ (*supra* 4.53)

4.60. y/s (*supra* 4.37)

4.61. y/w

yálDə̀ "heurter" — wálDə̀ "devenir"
yárDˈə "avoir la diarrhée" — wárDˈə "brûler"
yáDˈə "étendre, tendre" — wádə̀ "abandonner, refuser"
yórˈu "une centaine" — wɔ̀lʊ́ "borgne"

4.62. Le phonème /y/ se réalise comme une continue dorso-palatale sonore.

Le phonème /k/

4.63. k/g

kárDə̀ "déchirer" — gárDə̀ "encercler"
kɔ́dˈʊ "dépasser" — gɔ́dʊ̀ "prendre"
kɜ́rDˈɜ "enrouler une corde ou une bande autour d'un objet" — gɜ́rDɜ̀ "traîner, tirer"
kɜ̀rrě "tranquillise-toi !" — gɜ̀rrě "gronde !"
kˈu "froid" — gˈu "obligation"

4.64. k/ng

kı̀lí "filet, ficelle" — ngı̀lí "saison pluvieuse"
kˈɔlɛ́ 1. "cheval à tête (et éventuellement pattes) blanche(s)" 2. "teigne" — ngɔ́lˈɛ "poulailler"

káɓɛ́	"*Cenchrus cathartícus*"	ngáɓ'ɛ	"cadet de deux frères consécutifs"
k'ɔtʊ́	"amer"	ngɔ́t'ɜ	"fendre un objet"
kʊ́r'ʊ	"premier enfant, frère aîné"	ngʊ́r'ʊ	"épaule"
k'ʊr	"corde pour attraper les vaches, lasso"	ng'ʊr	"testicules"

4.65. k/w

kʊ̀ràdə́	"devenir supérieur"	wʊ̀ràdə́	"grandir"
kàndá	"plante parasite sp."	wàndá	"culotte"
kádʊ̀	"Cyperaceae"	wádà	"interdiction"
kád'ə	"une poursuite"	wádə̀	"abandonner, refuser"
kárɗə̀	"déchirer"	wárɗə̀	"chasser, renvoyer quelqu'un"
kàngád'ɪ	"corne"	wàngád'ə	"bailler"

4.66. k/c (*supra* 4.43)

4.67. Le phonème /k/ est réalisé comme une occlusive orale, dorso-vélaire sourde, forte et aspirée légèrement. Une coarticulation labiale apparaît devant les voyelles o et ɔ.

Le phonème /g/

4.68. g/k (*supra* 4.63)

4.69. g/ng

g'alá	"un conseil"	ng'alá	"haricot"
gàrɛ̌	"forge !"	ngàrɛ́	"pagne"
g'a	"*Quinqualus ocutangulus*"	ng'a	"sain"
g'ɜú	"féticheur"	ng'ɜú	"derrière"

4.70. g/w

gàrɗə́	"éructer"	wàrɗə́	"se coaliser"
gárɗə̀	"encercler"	wárɗə̀	"renvoyer quelqu'un"
gàngá	"tambour"	wàndá	"culotte"
gál'a	"conseil"	wàlá	"pourquoi"
gɪ̀dɪ́	"est"	wùrɪ́	"une quinzaine de jours"
gùtú	"jeter"	wòlú	"borgne"

4.71. g/ɟ (*supra* 4.49)

4.72. Le phonème /g/ est réalisé comme une occlusive orale dorso-vélaire sonore douce et non aspirée. Une coarticulation labiale apparaît devant les voyelles o et ɔ.
Le phonème d'affaiblissement léger dans les contextes -VC̠V- et -VCC̠V- est identique à celui du phonème /d/ (*supra* 4.26).

Le phonème /ng/

4.73. ng/k (*supra* 4.64)

4.74. ng/g (*supra* 4.69)

4.75. ng/w

ngààlí	"épi de maïs"	wààlí	"après"
ngàràná	"crachat"	wàrád'a	"héritage"
ngɔ́l'ɛ	"poulailler"	wɔ́l'ɛ	"datte non mûre mais comestible"
ngálDə̀	"mesurer"	wálDə̀	"devenir"
ngʊ̀rDʊ́	"marmonner"	wùrDú	"s'écrouler"
ngùlú	"griot"	wúd'u	"groupe"
ngúd'i	"pauvre et délinquant"	wúl'i	"argent"

4.76. ng/nɟ (*supra* 4.55)

4.77. Le phonème /ng/ est réalisé comme une mi-nasale dorso-vélaire, sonore.

Le phonème /w/

4.78. w/k (*supra* 4.65)

4.79. w/g (*supra* 4.70)

4.80. w/ng (*supra* 4.75)

4.81. w/y (*supra* 4.61)

4.82. Le phonème /w/ est réalisé comme une continue labio-vélaire, sonore.

Opposition à l'intérieur de la catégorie II

Le phonème /m/

4.83. m/n

màrɛ́	"bambou"	nàrɛ́	"couture de vêtement"
mʊ́yɛ̀	"habille-toi !"	nʊ́yɛ̀	"qu'il meure !"
m'e	"cent"	n'e	"décision"
ɟə́m'a	"peuple"	ɟàná	"couteau"
k'əmá	"maître, propriétaire"	kə́n'a	"faim, famine"
sám'ɛ	"ciel"	sán'ɛ	"artisanat"

4.84. Il est réalisé comme une nasale, bi-labiale, sonore. Il ne porte jamais de ton pas plus que ne le font les autres nasales. Une coarticulation labio-vélaire s'insère entre ce phonème et les voyelles o et ɔ.

Le phonème /n/

4.85. n/m (*supra* 4.83)

4.86. n/ɲ

nə̀nɟ'i	"il casse"	ɲə̀nɟ'i	"il te tape"
n'a	"lieu, place, endroit"	ɲǎM	"lait"
núng'u	"respect"	ɲàndɔ̌	"beauté"
nárD'ə	"vitupérer"	ɲàlDə́	"ouvrir la bouche"

4.87. n/l

nàndə́	"casser"	làndə́	"gaspiller"
nàdɛ́	"enterre !"	làdɛ́	"vends !"
nàtə́	"palper avec le bout des doigts"	làtə́	"charger"
nɛ́də̀	"se fâcher"	lɛ́də̀	"toucher"
nárDˈə	"vitupérer"	lárDˈə	"incliner, s'abaisser"
bìlá	"couteau de circoncision"	bìná	"son (de mil, maïs...).

4.88. n/r

nàtə́	"palper avec le bout des doigts"	ràtə́	1."se masser" 2."se frayer un chemin"
ngànɛ́	"guéris-toi"	ngàrɛ́	"pagne"
sánˈɛ	"artisanat"	sˈarɛ́	"jugement"
kìní	"défaut"	kìrí	"harmattan"
kə́nˈa	"faim"	kə́rˈa	"lecture"

4.89. Le phonème /n/ se réalise comme une nasale apicale. Il n'est pas explosé en finale. Il ne porte jamais de ton.

Le phonème /l/

4.90. l/n (*supra* 4.87)

4.91. l/r

lɛ́tˈə	"dormir"	rɛ́dˈə	"fendre"
làtə́	"charger"	ràtə́	1."se frayer un chemin" 2."se masser"
ládˈə	"creuser"	rátˈə	"être capable de, pouvoir"
kˈilí	"frais"	kìrí	"harmattan"
búlˈi	"excrément"	bùrí	"pâturage"
ngìlí	"saison des pluies"	ngìrí	"antilope"

4.92. Le phonème /l/ est réalisé comme une continue latérale, apico-alvéolaire toujours sonore.

Le phonème /r/

4.93. r/n (*supra* 4.88)

4.94. r/l (*supra* 4.91)

4.95. Le phonème /r/ se réalise comme une vibrante apico-alvéolaire à plusieurs battements.
Les éleveurs qui vivent en solitaire dans la brousse, et qui n'ont que des rapports intermittents avec les habitants regroupés dans les villages réalisent un [ɾ] dit battu.

Le phonème /ɲ/

4.96. ɲ/n (*supra* 4.86)

4.97. ɲ/ŋ

ɲə̀nɟˈi	"il te tape"	ŋə̀nɟˈi	"il sèche"
ɲˈʋm	"case"	ŋˈʋm	"front"
ɲàndɔ̌	"beauté"	ŋàndɔ́	"maladie de la gorge, sp."
kə̀ɲándˈɪ	"supporter"	kə̀ŋándˈɪ	"s'enrichir"

4.98. Le phonème /ɲ/ se réalise comme une dorso-palatale sonore. Il ne porte jamais de ton.

Le phonème /ŋ/

4.99. ŋ/ɲ (*supra* 4.97)

4.100. Le phonème /ŋ/ est réalisé comme une nasale vélaire et sonore. Il ne porte jamais de ton.

OPPOSITIONS CONSONANTIQUES DANS LE PARADIGME FINALE DE SYLLABE

La catégorie de phonèmes entrant dans le paradigme finale de syllabe est constituée par les unités suivantes : /M/, /l/, /r/

Le phonème /r/

4.101. r/l

sˈɛr	"insecte sp."	sˈɛl	"herbe sp. appréciée des chevaux"
fˈʋr	"cheval"	fˈʋl	"marigot"
dˈʋl	"droit"	dˈʋr	"exprès"

4.102. r/M

fˈʋr	"cheval"	fˈʋM	"genou"
dˈʋr	"exprès"	dˈʋM	"maladie vénérienne sp."

Description phonétique, *supra* 4.95.

Le phonème /l/

4.103. l/r (*supra* 4.101)

4.104. l/M

dˈʋl	"droit"	dˈʋM	"maladie vénérienne sp."
sˈul	"plaie de l'animal provoquée par le bât"	sˈɜM	"oeil"

Description phonétique, *supra* 4.92.

L'archiphonème /M/

4.105. M/r (*supra* 4.102)

4.106. M/l (*supra* 4.104)

DÉFINITION ET CLASSEMENT DES PHONÈMES

4.107. Il s'agit de définir les composants des unités distinctives dont l'inventaire nous a été livré par l'analyse distributionnelle. Les traits proprement distinctifs sont ceux qui opposent les phonèmes à l'intérieur des catégories. L'opposition fondamentale se situe entre les sonantes (catégorie II) et les non-sonantes (catégorie I). Afin que la catégorie I soit définie positivement, nous la recouvrons par le trait obstruant qui correspond au trait bruyant de TROUBETZKOY selon la traduction de J. CANTINEAU (1970 : 15, note du traducteur).

> "Les phonéticiens allemands et N.S. TROUBETZKOY avec eux emploient souvent un seul terme : *Geräuschlaut*, pour désigner les occlusives et les fricatives. Je rends ce terme par "bruyante".

Définition des phonèmes à l'intérieur de la catégorie I

4.108. Nous avons établi trois classes "substantielles" de phonèmes consonantiques caractérisées chacune par un même trait à l'intérieur de cette catégorie. L'exposé et les définitions qui suivent justifient ce classement.

Occlusives : p, t, c, k, b, d, ɟ, g
Nasales : mb, nd, nɟ, ng
Continues : f, s, y, w

4.109. L'occlusion est le trait qui distingue les consonnes p, t, c, k, b, d, ɟ, g des continues f, s, y, w. L'ensemble de ces consonnes étant orales.

- Les occlusives entrent dans une corrélation de force où la série p, t, c, k est opposée à la série b, d, ɟ, g.

- Le choix du trait qui distingue ces deux séries est lié aux réalisations phonétiques des occlusives ainsi qu'à leur comportement dans le contexte -V$\underline{C}$V-.

- Lors de l'articulation des consonnes sourdes p, t, k, dans ce contexte, l'air expiratoire est plus intense, les faisant se réaliser géminées.

- L'affaiblissement de la pression de l'air lors de l'articulation des sonores b, d, g, les faits se réaliser comme des spirantes au moins pour la consonne b réalisée dans ce contexte [β]; pour les autres, d et g, la friction est plus faible (ɟ n'apparaît pas dans ce contexte).

DEFINITION PHONOLOGIQUE DES OCCLUSIVES

4.110. La définition phonologique des occlusives est la suivante.

/p/	occlusive	(p : f)	/b/	occlusive	(b : f)
	orale	(p : mb)		orale	(b : mb)
	forte	(p : b)		douce	(b : p)
	labiale	(p : t)		labiale	(b : d)

/t/	oclusive	(t : s)	/d/	occlusive	(d : s)
	orale	(t : nd)		orale	(d : nd)
	forte	(t : d)		douce	(d : t)
	dentale	(t : p, c)		dentale	(d : b, ɟ)
/c/	occlusive	(c : y)	/ɟ/	occlusive	(ɟ : y)
	orale	(c : nɟ)		orale	(ɟ : nɟ)
	forte	(c : ɟ)		douce	(ɟ : c)
	palatale	(c : t, k)		palatale	(ɟ : d, g)
/k/	occlusive	(k : w)	/g/	occlusive	(g : w)
	orale	(k : ng)		orale	(g : ng)
	forte	(k : g)		douce	(g : k)
	vélaire	(k : c)		vélaire	(g : ɟ)

DEFINITION PHONOLOGIQUE DES NASALES

4.111. L'ensemble des nasales forme une série homogène dont le trait de nasalité suffit à leur distinction avec les autres phonèmes. Les phonèmes nasals se distinguent entre eux par leur point d'articulation.

/mb/	nasale	(mb : p, b, f)
	labiale	(mb : nd)
/nd/	nasale	(nd : t, d, s)
	dentale	(nd : mb, nɟ)
/nɟ/	nasale	(nɟ : c, ɟ, y)
	palatale	(nɟ : nd, ng)
/ng/	nasale	(ng : k, g, w)
	vélaire	(ng : nɟ)

DEFINITION PHONOLOGIQUE DES CONTINUES

4.112. Les continues se définissent ainsi :

/f/	continue	(f : p, b, mb)
	labiale	(f : s)
/s/	continue	(s : t, d, nd)
	dentale	(s : f, y)
/y/	continue	(y : c, ɟ, nɟ)
	palatale	(y : s, w)
/w/	continue	(w : k, g, ng)
	vélaire	(w : y)

Classement des phonèmes de la catégorie I

4.113. Les caractéristiques distinctives des consonnes de la catégorie I sont les suivantes :

- le caractère occlusif ou continu.
- la nasalité et la non-nasalité.
- la force et la douceur.
- les point d'articulation : labial, dental, palatal, vélaire.

4.114. Les différentes définitions nous permettent de dresser le tableau suivant :

	LABIALES	*DENTALES*	*PALATALES*	*VELAIRES*
Fortes	p	t	c	k
Douces	b	d	ɟ	g
Nasales	mb	nd	nɟ	ng
Continues	f	s	y	w

Définition des phonèmes à l'intérieur de la catégorie II

4.115. Dans cette catégorie nous faisons la distinction entre deux paradigmes :

- paradigme initiale de syllabe : m, n, ɲ, ŋ, l, r.
- paradigme finale de syllabe : M, l, r.

CATEGORIE II, PARADIGME INITIALE DE SYLLABE

4.116. Les phonèmes de la catégorie II sont organisés en trois classes :

Nasales : m, n, ɲ, ŋ
Liquide : l
Vibrante : r

- La liquide l et la vibrante r sont articulées au même point que la nasale n et forment l'ordre dental.
- La liquide et la vibrante forment chacune une série.
- Le point d'articulation suffit à distinguer les phonèmes m, n, ɲ, ŋ des autres.

4.117. La définition phonologique de ces phonèmes est la suivante :

/m/ labiale (m : n)

/n/ dentale (n : m, ɲ)
nasale (n : l, r)

/ɲ/ palatale (ɲ : n, ŋ)

/ŋ/ vélaire (ŋ : ɲ)

/l/ orale (l : n)
liquide (l : r)

/r/ orale (r : n)
vibrante (r : l)

4.118. Les différentes définitions nous permettent de dresser le tableau suivant :

	LABIALE	*DENTALES*	*PALATALE*	*VELAIRE*
NASALES	m	n	ɲ	ŋ
LIQUIDE		l		
VIBRANTE		r		

4.119. Il convient de donner la définition et le classement des phonèmes de la catégorie II entrant dans le paradigme finale de syllabe, paradigme constitué des unités suivantes : /M/, /l/, /r/. Ces trois unités sont organisées en trois séries : nasale, liquide, vibrante; les points d'articulation n'étant ainsi pas pertinents.

NASALE	M
LIQUIDE	l
VIBRANTE	r

5. LES OPPOSITIONS VOCALIQUES

5.1. Nous procédons de la même façon que pour les oppositions consonantiques. Nous présentons les oppositions dans les paradigmes PV_1, pouvant contenir l'ensemble des phonèmes et dans PV_3 contenant deux archiphonèmes /W/ et /Y/. En ce qui concerne le paradigme PV_2 nous nous dispensons d'en présenter car il contient, tout comme le paradigme PV_1, l'ensemble des phonèmes.

Les oppositions sont effectuées en contexte phonologique. Néanmoins pour des raisons typographiques, les deux archiphonèmes ne sont pas transcrits par des majuscules. Il est en effet difficile de concilier la grosseur des caractères et les marques prosodiques. Les archiphonèmes sont donc transcrits selon leur réalisations (*supra* 3.38).

/KˈaÝ/	[Kˈaf]	"roseau"
/lˈɜÝ/	[lˈɜf]	"rue"

OPPOSITIONS VOCALIQUES DANS LE PARADIGME PV_1

Le phonème /i/

5.2. i/u

bˈir	"coussin"	bˈur	"partie comestible du fruit du palmier doum"
Kɜ́Bˈi	"arbre sp."	Kˈɜ Bú	"chaleur"
Kɜ́lɜ́Bˈi	"turban"	Kɜ́lɜ́Bˈu	"natron"

bùrí	1."village de berger" 2."pâturage"	bùrú	"brouillard provoqué par les vents de sables"
kúllí	"hanche"	kúllú	"Coléoptère sp."
kˡilí	1."bleu-vert" 2."mouillé"	kúlˡi	"jaune"

5.3. i/I

tˡi	"ça suffit"	tí	"il-elle-lui"
bˡir	"coussin"	bǐl	"surplus"
dˡi	1."couleur sp. gris" 2. "cheveu blanc"	bˡɪ	"mâle"
nɟíˡi	"pigeon"	ndíˡɪ	"oncle maternel"
bˡiú	"hache"	bíˡʊ	"péché"

5.4. i/e

sí	"il m'a donné"	sé	"donne-moi"
nɟí	"il te donne"	nɟé	"qu'il te donne"
dílˡi	"brousse"	dílˡe	"peau de mouton utilisée comme couverture"
bə̀dí	"mauvais malfaisant"	bə̀dé	"sans occupation"
kə́ɓˡi	"arbre sp."	gə́ɓˡe	"ombre"
ɟèdǐ	"ils ont fait"	ɟèdě	"qu'ils fassent"

5.5. Le phonème /i/ est réalisé comme une voyelle d'aperture minima, antérieure, non arrondie et tendue. Sa durée parfois très brève la fait apparaître comme une centrale notée [ɨ] : [kɨrˡi]. Le caractère d'ultra brève n'est pas un trait pertinent; il n'y a pas opposition entre un phonème très bref, bref, long. La différence phonologique entre [i] et [y] existe bien. Ces deux unités ne sont pas des variantes combinatoires.

Le phonème I

5.6. I/ʊ

dˡɪM	"vieux, usé"	dˡʊM	"maladie vénérienne sp."
bˡʊlíM	"neuf, différent de vieux"	bˡʊlʊ́M	"bouillie de farine de mil ou de maïs"
kˡʊrí	"Boudouma"	kʊ́rˡʊ	"premier né"
yíì	"il est venu"	yʊ́ʊ̀	"il est venu et..."[24]
bǐl	"surplus"	bˡʊl	"blanc-lumière"
ɲˡɪM	"case"	yˡʊM	"jour calendrier"

5.7. I/i (*supra* 5.3)

---

[24] ʊ marque ici la coordination de deux verbes.

5.8. I/e

nɪ̌	"tu, toi"	nꜜe	"décision"
bꜜɪ	"mâle"	ɟꜜe	"corde"
ndɪ́ꜜɪ	"oncle maternel"	nꜜeé	"mariage"
tɪ́	"il-elle-lui"	yꜜe	"donne-lui"

5.9. I/ɛ

kálꜜɪ	"ongle, serre, griffe"	kꜜalɛ́	"esclave homme"
kɪ̀lɪ́	"ficelle"	kɪ̀lɛ́	"bon goût"
sʊ́nꜜɪ	"berger"	sʊ́nɛ́	"nom de la vache prêtée à un homme indigent"
kɪ̀nɟꜜɪ	"venir"	kɪ̀nɟꜜɛ	"tranchant"
kꜜatɪ́	"terre"	Kátꜜɛ	"entre"
cɪ̀də́	"se lever"	cɛ̀də́	"écarter le sable"

5.10. Le phonème /I/ est antérieur, relâché, de deuxième degré d'aperture, non arrondi.

Le phonème /e/

5.11. e/o

dě	"fais !"	dǒ	"il a fait"
nɟé	"qu'il te donne"	nɟó	"il t'a donné"
cé	"qu'il lui donne"	có	"il lui a donné"
sé	"donne-moi !"	só	"il m'a donné"

5.12. e/ɪ (*supra* 5.8)

5.13. e/ɛ

sé	"donne-moi"	sꜜɛ	"paille de blé"
cèɪ́	"il a tué"	cɛ̀ɪ́	"il a écarté le sable"
cé	"qu'il lui donne !"	tꜜɛ	"il en a"
dě	"fais !"	dꜜɛ	"vide"
nꜜeé	"mariage"	ngɛ̀ɛ́	"embuscade de chasseur"

5.14. e/i (*supra* 5.4)

5.15. Le phonème /e/ est réalisé comme une voyelle antérieure, tendue, de troisième degré d'aperture, non arrondie.

Le phonème /ɛ/

5.16. ɛ/ɔ

dꜜɛ	"vide"	dꜜɔ	"mais"
ngɛ̀ɛ́	"embuscade"	ngɔ̀ɔ́	"grenier"
kꜜɔlɛ́	1."teigne"	kɔ́lɔ́	"marmite"
	2."cheval à front blanc"		
bàdɛ̌	"piétine !"	bàdɔ̌	"piétinez !"
ɪ̀kɛ́	"mets !"	ɪ̀kɔ́	"mettez !"
sꜜɛnɛ́	"guenille"	sɔ́nɔ́	"chaussure"

5.17. ɛ/ə

fándɛ́	"fortune, chance"	fándə́	"avoir de nombreux clients"
fìdɛ́	"ouest"	fíndˈə	"récupérer les pailles d'une maison en ruine"
sˈɛnɛ́	"guenille"	sə́mˈa	"oreille"
làràɟɛ́	"ceinture en étoffe"	lárDˈə	"incliner"
ngɔ́lˈɛ	"poulailler"	ngɔ́tˈə	"fendre un objet"

5.18. ɛ/ɜ

lɛ́ì	"il a touché"	lˈɜí	"rue"
dˈɛí	"il a préparé"	dɜ̀ˈi	"ça va finir"
jˈɛʊ́	"carquois"	jˈɜú	"difficile, douloureux"

5.19. ɛ/a

dˈɛ	"vide"	dˈa	"viande"
sˈɛ	"paille de blé"	sˈa	"temps-moment"
fárɛ́	"pari"	fààrǎ	"écolier de l'école coranique"
mánˈɛ	"cherche !"	mánˈa	"parole"
ngɛ̀ɛ́	"embuscade de chasseur"	sàá	"année"
sˈɛl	"herbe sp."	dˈal	"bouc"

5.20. ɛ/e (*supra* 5.13)

5.21. ɛ/ɪ (*supra* 5.9)

5.22. Le phonème /ɛ/ est réalisé comme une voyelle antérieure, relâchée de quatrième degré d'aperture, non arrondie.

Le phonème /ɜ/

5.23. ɜ/ɛ (*supra* 5.18)

5.24. ɜ/ɔ

dɜ́dɜ̀	"laisser"	dɔ̀dɔ́	"espace entre le sexe et l'anus"
dɜ̀rí	"rangée"	dɔ̀rɔ́	"bord, rive"
dɜ̀ngɜ́l	"cuisse"	dɔ̀ngɔ́l	"canne"
kɜ̀ndí	"boutique, magasin"	kɔ̀ndʊ́	"penser"
kˈɜrí	"racine, origine"	kˈɔrɛ́	"herbe sp."

5.25. ɜ/a

kɜ́ú	"jumeau"	kˈaʊ́	"chaleur, zénith"
sɜ̀ˈi	"il essaie"	sàí	"il a essayé"
kɜ́ˈi	"pintade"	kˈaí	"roseau"
kɜ̀ú	"ombre"	dàʊ́	"cou"
ngɜ́lˈɜ	"source"	ngˈalá	"haricot"
dˈɜtɜ́	"invitation"	dátˈə	"craindre"

5.26. ɜ/ə

kˡɜBú	"chaud"	kə́Bʊ̀	"fourmi"
bˡɜllú	"hyène"	bˡəlá	"polder"
kɜ̀mú	"femme"	kˡəmá	"maître, propriétaire"
kˡɜrɪ́	"racine, origine"	kˡərɪ́	"sur, dessus"
kɜrcɪ́	"mensonge"	kˡərmá	"pilon"

5.27. Le phonème /ɜ/ est réalisé comme une voyelle centrale, tendue, de cinquième degré d'aperture.

Le phonème /a/

5.28. a/ɛ (*supra* 5.19)

5.29. a/ɔ

dˡa	"viande"	dˡɔ	"mais"
kˡaM	"personne"	kˡɔM	"pensée"
cɪ̀ká	"bois"	cɪ̀kɔ́	"il a mis"
kˡalɛ́	"esclave, homme"	kˡɔlɛ́	1."teigne" 2."cheval à front blanc"
kàá	"grand-mère"	bɔ̀ɔ́	"marque de la négation"
kʊ́rˡa	"grand"	kʊ̀rɔ́	"âne"

5.30. a/ɜ (*supra* 5.25)

5.31. a/ə

kárˡa	"vent"	kə́rˡa	"lecture"
kàlá	"bonne odeur"	kˡəlá	"tête"
kànɟɪ̀lɪ́	"ver de terre"	kə̀nɟɪ́lɪ̀	"articulation"
kárˡɪ	"tique"	kˡərɪ́	"dessus, sur"
kˡalɛ́	"esclave mâle"	kə́lˡɛ	"bicolore, noir et blanc"

5.32. Le phonème /a/ est réalisé comme une voyelle centrale, relâchée, d'aperture maxima.

Le phonème /ə/

5.33. ə/ɜ (*supra* 5.26)

5.34. ə/a (*supra* 5.30)

5.35. ə/ɛ (*supra* 5.17)

5.36. ə/ɔ

kə́rˡɛ	"généreux"	kˡɔrɛ́	"herbe sp."
kə́Bʊ̀	"fourmi"	kɔ́gˡʊ	"vautour"
kə́lˡɛ	"bicolore blanc et noir"	kˡɔlɛ́	"teigne"
kˡəlá	"tête"	kɔ́lɔ́	"marmite"
kɔ́mɔ́	"petite calebasse"	kˡəmá	"maître, propriétaire"

5.37. Le phonème /ə/ est réalisé comme une voyelle centrale, relâchée, de quatrième degré d'aperture.

Le phonème /u/

5.38. u/i (*supra* 5.2)

5.39. u/ʋ

bˈu	"sang"	bʋ̌	"mange !"
kˈu	"froid"	kˈʋ	"aujourd'hui"
bˈudú	"bon marché"	bʋ́dˈʋ	"oasis"
bˈur	"partie comestible du fruit du palmier doum"	bˈʋl	"blanc, lumière"
gˈu	"obligation"	dˈʋ	"jambe-pied"
sˈu	1."nom" 2."invitation pour la fête d'un nouveau-né"	wʋ̌	"je-moi"

5.40. u/o

bùdǔ	"édenté"	bòdú	"chat"
kúlˈi	"jaune"	kólˈi	"moule de cordonnier"
kúrˈu	"mortier"	kúró	"récipient pour traire les vaches"
búnˈi	"poisson"	bónˈu	"houe"
bˈubú	"stérile"	bóbˈi	"rat-souris"

5.41. Le phonème /u/ est réalisé comme une voyelle postérieure, arrondie, tendue, d'aperture minima.

Le phonème /ʋ/

5.42. ʋ/ɪ (*supra* 5.6)

5.43. ʋ/u (*supra* 5.39)

5.44. ʋ/o

dˈʋ	"jambe-pied"	dǒ	"il a fait"
sʋ́ˈɪ	"c'est suffisant"	kòf	"fiancé"
bʋ̌	"mange !"	ɛó	"il lui a donné"
sʋ́ˈʋ	"paille"	sóó	"estomac"
kˈʋ	"aujourd'hui"	só	"il m'a donné"

5.45. ʋ/ɔ

kʋ̀ngʋ́	"fracture"	kɔ̀ngɔ́	"gomme arabique"
ngʋ̀dʋ́	"s'accroupir"	ngɔ̀dɔ́	"mendicité"
dˈʋ	"pied"	dˈɔ	"mais"
kʋ̀rʋ̌	"pas encore"	kʋ̀rɔ́	"âne"
cˈʋgʋ́	"mouche"	cˈɔgʋ́	"argile sp."

5.46. Le phonème /ʋ/ est réalisé comme une voyelle postérieure, arrondie, relâchée de deuxième degré d'aperture.

Le phonème /o/

5.47. o/e (*supra* 5.11)

5.48. o/ʋ (*supra* 5.44)

4.49. o/ɔ

sóó	"estomac"	sɔ́ɔ́	"pleur"
dǒ	"il a fait"	dˈɔ	"mais"
có	"il lui a donné"	ngɔ́	"tiens !"
dòòˈi	"ils restent"	dɔ̀ɔ̀f	"ils sont là"
dˈoól	"singe"	ngɔ̀ɔ́	"grenier"

5.50. o/u (*supra* 5.32)

5.51. Le phonème /o/ est réalisé comme une voyelle postérieure, arrondie, tendue, de troisième degré d'aperture.

Le phonème /ɔ/

5.52. ɔ/ɛ (*supra* 5.13)

5.53. ɔ/ɜ (*supra* 5.24)

5.54. ɔ/a (*supra* 5.29)

5.55. ɔ/ə (*supra* 5.36)

5.56. ɔ/o (*supra* 5.49)

5.57. ɔ/ʋ (*supra* 5.45)

5.58. Le phonème /ɔ/ est réalisé comme une voyelle postérieure, arrondie, relâchée de quatrième degré d'aperture.

OPPOSITION VOCALIQUE DANS LE PARADIGME PV_2

5.59. *L'archiphonème* /Y/ : /W/

Remarque - Cf. 5.1. à propos de la transcription particulière des archiphonèmes.

kɛ́ˈi	"pintade"	kɜ́ˈu	"pierre"
bɜ́ì	"fils de la tante maternelle	gˈɜú	"féticheur"
kˈaí	"roseau"	kˈaʋ́	"chaleur"
gàdáˈɪ	"pirogue en papyrus"	gàdàʋ́	"épervier"
dˈɔí	"rapide"	ɟˈɔʋ́	"carquois"
ɲèɲèí	"fruit du gàʋ̀dɔ́"	ɲénéˈu	"semblable"

5.60. *L'archiphonème* /W/ : /Y/ (*supra* 5.59)

5.61. Tableau des réalisations phonétiques des voyelles.

Degré d'aperture	Antérieures	Centrales	Postérieures	
1er	i		u	T
2ème	ɪ		ʊ	R
3ème	e		o	T
4ème	ɛ	ə	ɔ	R
5ème		ɜ		T
6ème		a		R

T = tendue
R = relâchée

Remarque - Tous les phonèmes vocaliques sont nasalisés lorsqu'ils sont suivis d'une mi-nasale. Ils sont très légèrement nasalisés lorsqu'ils sont précédés de la nasale [ɲ].

TENSION ET LAXITÉ

5.62. Nous avons déjà vu (*supra* 3.15) que les voyelles pertinentes du kanembou étaient organisées en deux groupes mutuellement exclusifs si bien qu'il ne peut y avoir dans un mot combinaison de voyelles appartenant à des groupes différents.

groupe 1 [i, e, ɜ, o, u]
groupe 2 [ɪ, ɛ, a, ə, ɔ, ʊ]

Voyelles du groupe 2		*Voyelles du groupe 1*	
[bˈʊ̄rɪ́]	"boule"	[bùrí]	"village de berger"
[bʊ́dˈʊ̄]	"oasis"	[bùdú]	"buisson"
[kˈɔ̄rɛ́]	"plante sp. citronnelle ?"	[kˈōré]	"récipient pour le lait"

5.63. L'opposition entre les deux groupes est traditionnellement caractérisée par les traits de tension et de laxité. Les voyelles du groupe 1 sont dites tendues en ce sens qu'elles seraient réalisées avec une tension musculaire qui affecterait l'ensemble de l'appareil vocal, tandis que celles du groupe 2 correspondaient à leur relâchement. Plusieur articles traitent de ce type d'harmonie vocalique qu'on ne rencontre, semble-t-il, qu'en Afrique au sud du Sahara :

STEWART (J.M.) - 1967, Tongue-root position in Akan vowel harmony, *Phonetica* 16 (4), pp. 185-204.

- 1971, Niger Congo, Kwa, *Current trend in linguistics* 7, pp. 179-212, (sur l'harmonie vocalique, pp. 198-205).

PIKE (K.L.) - 1967, Tongue-root position in practical phonetics, *Phonetica* 17, pp. 129-140.

LADEFOGED (P.) - 1964, *A phonetic study of West African languages*, West African Language (Monograph 1).

JAKOBSON (R.), HALLE (M.) - 1963, Tension et laxité, *Essai de linguistique générale*, Paris, Ed. Minuit.

SAPIR (E.) - 1931, Notes on the Gweabo Language of Liberia, *Language* 7 (1), pp. 30-41.

BERRY (J.) - 1957, Vowel harmony in Twi, (Londres) *Bulletin of the School of Oriental and African Studies* 19, pp. 124-130.

CHOMSKY (N.) et HALLE (M.) - 1968, ed. 1973, *Principes de phonologie générative*, Paris, Ed. du Seuil, 144 p.

RETORD (G.L.) - 1972, *L'Agni, variété dialectale sanvi*, Annales de l'université d'Abidjan (Série H, Linguistique, V, fascicule I).

JUNGRAITHMAYR (H.) - 1971, The tangale vowel harmony system reconsidered, *Journal of African Languages* 10 (1).

BONVINI (E.) - 1974, *Traits oppositionnels et traits contrastifs du KASIM*, Institut National des Langues et Civilisations Orientales.

Pour JAKOBSON et HALLE l'autonomie de la distinction laxité / tension est évidente puisqu'elle est la base de l'harmonie vocalique dans certaines langues d'Afrique.

5.64. Plusieurs chercheurs africanistes ou non ont essayé de savoir quel était le trait articulatoire des sons reliés entre eux dans une même série par l'harmonie.

BERRY (1952 : 18-19, cité par STEWART 1971 : 199) entend les voyelles relativement basses et relativement hautes comme ayant "*creaky and breathy voice quality respectively*". Ceci est confirmé par LADEFOGED (1964 : 38-40, cité par STEWART 1971 : 199) pour qui la différence entre les voyelles des deux groupes est liée au corps de la langue plus rétracté lors de l'articulation des voyelles de notre groupe 2.

A partir des résultats de LADEFOGED, CHOMSKY et HALLE (1968, éd. 1973 : 145) déclarent :

> "Nous nous risquerons à suggérer que cette différence [entre ces deux ensembles de voyelles] correspond à celle que présentent les positions de l'appareil vocal dans le chant à voix haute et le chant couvert [...]. Eu égard à l'incertitude affectant nos données, la description que nous proposons de ce trait doit être tenue pour seulement provisoire (mais Stewart (1967) a récemment présenté de forts arguments à l'appui de notre thèse). Nous faisons l'hypothèse que dans la réalisation des sons couverts les parois du pharynx sont rétrécies et tendues et le larynx relevé : les sons non-couverts sont produits sans tension ni rétrécissement spéciaux du pharynx".

STEWART (1971 : 199) fait la synthèse des observations de LADEFOGED et BERRY en affirmant :

> "The advancing of the root (or body) of the tongue for the relatively high vowel enlarges the throat cavity and thereby produces the breathy voice quality heard by Berry".

STEWART (1967) en vient donc à rejeter l'hypothèse d'une articulation liée à l'élévation de la langue, trop variable, et en même temps, celle du caractère tendu de certaines voyelles car il n'est pas dit que les voyelles relâchées ne soient pas non tendues. Selon cet auteur, la distinction se situe dans la position de la racine de la langue qui explique outre les différences de la qualité de la voix mais aussi les autres différences phonétiques observées. La distinction de base est ainsi présentée par STEWART :

- racine avancée (*root-advanced*) caractérise les voyelles de notre groupe 1.
- racine non-avancée (*root-unadvanced*) caractérise les voyelles du groupe 2.

Les analyses tomographiques effectuées par RETORD (1972) sur des voyelles de l'agni-sanvi semblent confirmer les propositions de STEWART. Nous adoptons les termes de cette opposition suggérés par cet auteur bien qu'il nous soit difficile de juger de leur pertinence.

DÉFINITION ET CLASSEMENT DES PHONÈMES

5.65. *Définition des voyelles de* PV_1

/i/ antérieur (i : u)
racine avancée (i : ɪ)
fermé (i : e)

/ɪ/ antérieur (ɪ : ʊ)
racine non-avancée (ɪ : i, e)
fermé (ɪ : ɛ)

/e/ antérieur (e : o)
racine avancée (e : ɪ, ɛ)
moyen (e : i)

/ɛ/ antérieur (ɛ : ɔ, ə, ɜ, a)
racine non-avancée (ɛ : e)
moyen (ɛ : ɪ)

5.66. *Remarque* - Le degré d'aperture n'est pas pertinent pour cette voyelle qui se distingue des voyelles centrales par l'avancement de la racine de la langue et des autres phonèmes vocaliques par son articulation centrale.

/ɜ/ central (ɜ : ɛ, ɔ)
racine avancée (ɜ : a, ə)

/ə/ central (ə : ɛ, ɔ)
racine non avancée (ə : ɜ)
moyen (ə : a)

/a/ central (a : ɛ, ɔ)
racine non avancée (a : 3)
moyen (a : ə)

5.67.

/u/ postérieur (u : i)
racine avancée (u : ʊ)
fermé (o : o)

/ʊ/ postérieur (ʊ : ɪ)
racine non-avancée (ʊ : u, o)
fermé (ʊ : ɔ)

/o/ postérieur (o : e)
racine avancée (o : ʊ, ɔ)
moyen (o : u)

/ɔ/ postérieur (ɔ : ɛ, ə, 3, a)
racine non-avancée (ɔ : o)
moyen (ɔ : ʊ)

5.68. *Définition des archiphonèmes de PV_2*

/W/ postérieur (W : Y)

/Y/ antérieur (Y : W)

/W/ se réalise [u] ou [ʊ] suivant le trait racine avancée ou non de la voyelle du paradigme PV_2.

/Y/ se réalise [i] ou [ɪ] suivant le trait racine avancée ou non de la voyelle du paradigme PV_2.

Classement des phonèmes vocaliques

Paradigme PV_1

5.69. D'après les définitions, nous classons les phonèmes selon le point d'articulation, le degré d'aperture, et l'avancement ou le non avancement de la racine de la langue.

- Le point d'articulation :

Articulation antérieure : i, ɪ, e, ɛ.
Articulation centrale : ə, 3, a.
Articulation postérieure : u, ʊ, o, ɔ.

- L'avancement ou non de la racine de la langue

Racine avancée : i, e, 3, o, u.
Racine non avancée : ɪ, ɛ, ə, a, ɔ, ʊ.

- Le degré d'aperture

Fermé : i, ɪ, u, ʊ.
Moyen : e, ɛ, ə, o, ɔ.
Ouvert : 3, a.

5.70. Soit en synthèse le tableau suivant :

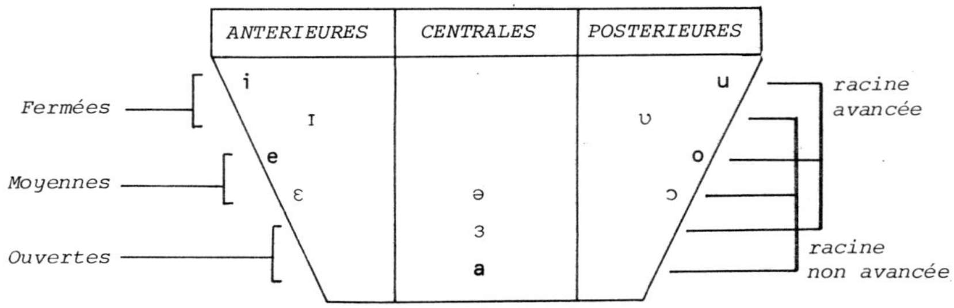

6. LES UNITÉS PROSODIQUES

CORPUS

Le présent corpus complète celui présenté en 3.1. auquel on pourra se reporter. Il s'agit d'une transcription phonétique.

Remarque - Nous rappelons, pour faciliter la lecture, qu'en 4.1. est explicitée la transcription choisie.

bǎá	"port de pirogue"	bɨ̌l	"surplus"
bàlbǎl	"cour de maison"	bǔú	"cendre"
bɛ̌ɛ́r	1."calebasse sp." 2."carapace de tortue"	dàʊ́	"cou"
bˈɜɜ́r	"gorge"	kǔ	"ligament"
bə̀láˈa	"trou"	ɲǎm	"lait"
ɟàrjǎr	"cours d'eau"	móórˈi	"ethnie kotoko"
sùsǔm	"lit en bois"	ngúúrˈi	"fête"
kǒngúù	"hernie"	sɨ̀llàʊ́	"clitoris"
ʔɜ̀ttɜ̌r	"coussin"	càárá	"pluie"
lɨ̀llɨ̌m	"gale des chèvres"	kùllˈuúm	"venin, poison"
tǎm	"herbe sp."	gˈɜɜ́r	"coeur"
ngǔú	"oeuf"	gɨ̀rˈɪʊ́	"guerre"
fààrǎ	"écolier coranique"	gʊ̀rrfˈɪ	"femelle"
ɲǎrmˈɪ	"ride"	kàfgʊ́	"arbre"
gàdáˈɪ	"queue"	kànʊ̀mbʊ̌	"langue kanembou"
kɜúllú	"forgeron"	túúró tóúró	"cachette"
kərràf	"amour, désir"	tʊ́rʊ́ʊ̀	"rond"

kóngóí	"jumeau"	sàdáʊ̀	"petite hâche"
mˈaám	"éléphant"	kˈɔɔ́	"vache qui n'a mis bas qu'une fois"
tíí	"corps"	gàǎl	"bruit"

REMARQUE LIMINAIRE

6.1. L'étude de la fonction distinctive concerne aussi l'analyse des tons. Les tons sont des unités qui ont la même fonction distinctive que les phonèmes. Le parallélisme qui existe entre la chaîne prosodique et la chaîne phonématique n'implique pas une décomposition simultanée utilisant des procédés analogues.

6.2. En conséquence, tout comme l'analyse phonématique a été effectuée sans faire appel à l'ensemble des phénomènes groupés sous le terme de "prosodie", lors de l'analyse de ceux-ci, nous essaierons d'éviter de les subordonner au substrat phonématique; nous essaierons, tant il est vrai que l'autonomie des tons par rapport à la chaîne phonématique est toute relative.

6.3. Le kanembou des Ngaldoukou est une langue où l'accent d'intensité et la hauteur mélodique sont utilisés. Afin de ne pas obscurcir l'exposé nous faisons la distinction entre :

- les réalisations dans lesquelles on n'entend pas d'intensité particulière.
- la réalisation accompagnée d'une intensité.

Les premières concernent les unités tonales. La deuxième est envisagée lors du traitement de l'accent.

6.4. Ces deux problèmes (*supra* 6.3) sont traités dans la première partie de ce chapitre. Comme nous l'avons souligné dans l'introduction (*supra* 1.21), l'analyse prosodique est scindée en deux parties :

- Première partie : tons et accent dans le mot indécomposable.
- Deuxième partie : tons et accent dans le mot plus les morphèmes.

TONS ET ACCENT DANS LE MOT INDÉCOMPOSABLE

UNITÉS TONALES

6.5. Les tons se distinguent entre eux par des différences de hauteur. Ces hauteurs sont appelées registres et ne sont pas absolues mais relatives,

> "...en ce sens qu'ils ne sauraient être interprétés en fonction des fréquences vibratoires propres à leur hauteur, mais au contraire en fonction des rapports qu'ils soutiennent entre eux dans une unité linguistique, mot ou syntagme" (M. HOUIS, 1956 : 339).

Les hauteurs fonctionnelles sont appelées registres ou unités tonales selon que l'on se place au niveau physique ou linguistique. Nous appelons contraste dans la chaîne supra-segmentale le rapport syntagmatique qui s'établit entre un registre ou un contour mélodique et la hauteur de l'élément suivant ou précédent.

6.6. Inventaire des réalisations tonales

Représentation tonétique	*Registre*	*Symbolisation orthographique*
[´]	Haut	[H]
[`]	Bas	[B]
[ˇ]	Bas-Haut	[B - H]

Les réalisations observées peuvent être schématisées sur la portée suivante :

6.7. Les registres Bas et Haut assument une fonction différenciative.

kɜ̀ú	"ombre"	kɜ́ú	"jumeau"
kínɟˈɛ̄	"relation de famille"	kìnɟˈɛ̄	"tranchant"

Remarque - Pour la réalisation notée [ˈV̄], *supra* 1.22, et *infra* 6.41.

kə̀sàngˈɪ̄	"le fait de soulever"	kə̀sángˈɪ̄	"le fait de décharger"
yè	"*morphème de génitif*"	yé	"aussi"
yàlá	"nord"	yálá	"aubergine"
ɟèní	"carafe"	ɟéní	"nymphomane"
nɟèllí	"urine"	nɟéllí	"clitoris"

6.8. Les paires de mots présentées pourraient nous faire croire que l'opposition entre "contour montant" et "contour égal" a une fonction distinctive. On aurait donc dans cette perspective un ensemble de schèmes pertinents définis par leur orientation soit un contraste H-B, un autre B-H, H-H, etc.

Cette hypothèse n'est guère soutenable pour le kanembou car elle institue un grand nombre de schèmes, dix avec les trisyllabes. Nous l'écartons car il y aurait autant de schèmes réalisés que de contours pertinents sans qu'il soit possible d'opérer des réductions.

6.9. Les deux registres sont considérés comme des unités prosodiques et sont appelés *unité tonale ou ton.*

Représentation tonologique.

- Unité tonale ou ton de registre Haut représenté par ´ noté au moyen de l'accent aigu.
- Unité tonale ou ton de registre Bas représenté par ` noté au moyen de l'accent grave.

6.10. Les réalisations des unités tonales varient peu selon l'entourage phonique. Ces variantes ne remettent pas en cause la fonction distinctive de ces unités.

- Dans une séquence Bas - Haut - Bas, le dernier registre a tendance à se réaliser moyen.
- Dans une séquence Haut - Haut - Bas, le deuxième registre Haut est souvent réalisé moyen suivant les locuteurs.
- En finale d'énoncé, une unité de registre Bas est réalisée infra - Bas -.

Les postulats de l'analyse tonale

6.11. - La réalisation modulée unique [ˇ] est interprétée comme la succession de deux tons ponctuels.

- L'unité de placement des tons est la syllabe. Du point de vue prosodique la syllabe est divisée en trois positions ou trois paradigmes tonals pouvant chacun être occupé par l'une des deux unités pertinentes. Le centre syllabique dont nous avons vu qu'il était lui aussi divisé en trois paradigmes vocaliques (chapitre 3; 3.33.) n'implique pas qu'il y ait toujours correspondance terme à terme entre les éléments de la chaîne phonématique et ceux de la chaîne prosodique. En ce sens il n'y a pas adéquation entre la segmentation de chacune d'entre elles. Il convient d'examiner le bien-fondé de ces hypothèses.

L'interprétation de la réalisation modulée en deux tons ponctuels.

6.12. Dans l'immédiat, nous désignons par réalisation modulée une réalité phonique marquée par une modification de la hauteur musicale passant d'un registre à un autre. Le ton ponctuel est différent de la réalisation modulée : dans un cas le caractère "intoné" est réalisé par un registre (ponctuel), dans l'autre par une ligne mélodique (modulé). La modulation se réalise phonétiquement par une montée rapide de la voix sans qu'il y ait un allongement de la durée vocalique. La syllabe présentant celle modulation n'est jamais réalisée plus longue qu'une syllabe porteuse d'une réalisation ponctuelle.

Sa configuration exacte a été obtenue par la comparaison de son niveau de départ et d'arrivée avec les deux registres ponctuels. Cela a été possible sur les dissyllabes présentant cette modulation; naturellement il est bien entendu que le registre ponctuel la suivant ou la précédant dans ces séquences a été bien déterminé. Ainsi [kànʊ̀mbʊ̌] "la langue kanembou" est perçu comme porteur d'une réalisation tonale modulée dont le niveau de départ correspond au registre ponctuel Bas [ˋ] et le niveau d'arrivée au registre ponctuel Haut [ˊ].

6.13. L'existence d'une réalisation modulée montante Bas - Haut fait problème du fait de :

- son unicité : il n'existe pas de réalisation modulée descendante Haut - Bas supportée par une seule voyelle.
- sa faible fréquence d'apparition.
- sa commutation avec une unité tonale ponctuelle dans deux paires de mots seulement.

bùdú	"buisson"	bùdǔ	"édenté"
kànʊ̀mbʊ́	"membre de la communauté kanembou"	kànʊ̀mbʊ̌	"langue kanembou"

6.14. La réalisation modulée est tantôt supportée par une voyelle, tantôt par une séquence de deux voyelles.

tǎm	"herbe sp."	sàá	"année"
kǔ	"ligament"	làʊ́	"côté"

Ce type d'opposition cv̌ / cv̀v́ empêche toute interprétation de cv̌ par cv̀v́ et inversement. Il est clair que la chaîne phonématique n'est pas subordonnée à la chaîne prosodique et réciproquement.

6.15. La chaîne phonématique n'est pas subordonnée à la chaîne prosodique.

Nous ne pouvons décomposer CV̌ en CV̀V́ car cela entraînerait une assimilation structurelle abusive entre CV et CVV. Le dédoublement de la voyelle comme support d'un dédoublement d'unités prosodiques ne peut être utilisé par convention orthographique car il conduirait à des confusions entre des syllabes à voyelle brève porteuse d'une réalisation modulée et d'autres à voyelles longues ou à diphtongues considérées phonologiquement et graphiquement comme une succession de voyelles isotimbres ou non, pouvant supporter un registre analogue ou différent.

De façon générale, la réduction de CV̀V́ à CV̌ et inversement est réfutée par l'absence d'attestation de CV̂ tandis que CV́V̀ est attesté.

6.16. La chaîne prosodique n'est pas subordonnée à la chaîne phonématique.

Dans cette perspective il ne peut y avoir une unité prosodique par voyelle à moins de considérer que la modulation soit une unité pertinente.

Plusieurs arguments militent contre cette hypothèse. Outre les remarques énoncées en 6.13., la réalisation phonétique de la modulation renforce son interprétation en deux unités tonales.

La longueur de la réalisation du contraste (définition en 6.5) Bas - Haut dans une séquence de type CV̀V́ ([ngɔ̀ɔ́] "grenier") est le double de celle rencontrée dans une séquence de type CV̌ ([kǔ] "ligament"). C'est d'ailleurs l'une des raisons qui nous fait appeler contraste le rapport mélodique entre deux tons ponctuels et modulation une réalisation dont on n'a pas déterminé la pertinence, cela afin d'éviter toute confusion entre les deux.

Un autre argument phonétique consiste à relever qu'il y a coïncidence régulière entre l'origine et le point d'aboutissement du contour mélodique, et l'un des registres définissant les unités tonales ponctuelles.

6.17. Si dans le cas de CV̀V́ il n'est pas douteux d'affirmer que la syllabe se partage en deux points de substitution tonale supportant chacun un ton pontuel, il est légitime d'étendre cette solution à CV̌. Une syllabe à noyau monovocalique est, elle aussi, constituée de deux points de substitution tonale. Il conviendra de définir la syllabe d'un point de vue prosodique (*infra* 6.20) à partir de ce que nous avons appelé les points de substitutions tonales et que nous nommerons positions tonales.

6.18. La réalisation modulée montante Bas - Haut est interprétée comme une succession de deux tons ponctuels : ton Bas suivi de ton Haut. Dans la réalisation modulée, le registre de départ et d'aboutissement sont pertinents et non pas la modulation en soi qu'il s'agisse de la variation de hauteur ou du sens dans lequel elle a lieu. Le contour n'est pas pertinent, il n'y a pas d'opposition entre unités modulées et unités ponctuelles. La langue n'utilise que des unités ponctuelles. En ce sens, on peut affirmer que le kanembou est une langue à

"tons ponctuels" car "tous les faits tonals se laissent analyser en termes de tons ponctuels" (MARTINET, 1970 c 87.).

Au terme de l'interprétation de la réalisation modulée, nous avons donc deux unités ponctuelles définies par leur hauteur relative :

- Unité tonale de registre Haut /´/
- Unité tonale de registre Bas /`/

6.19. L'interprétation de la modulation comme constituée de deux unités tonales ponctuelles se trouve confirmée dans le rôle que la modulation joue par rapport aux morphèmes. En effet, un mot dont la dernière syllabe supporte un ton Haut ou une réalisation Bas - Haut impose l'accent à un morphème de ton Bas :

kásár	"rideau protégeant l'entrée de la case"
kásár'ā	[à] "morphème de défini"
ɲǎm	"lait"
ɲǎmm'ā	"le lait" (ɲǎm = à "morphème de défini")

alors que :

kùdù	"abcès"
kúdùɜ̀	"l'abcès"

[à] et [ɜ̀] sont un même morphème de signifié défini, qui se réalise selon les règles de l'harmonie vocalique au sein de l'unité accentuelle.

L'UNITE DE PLACEMENT DES UNITES TONALES : LA SYLLABE

6.20. L'unité de placement n'est pas la voyelle. La hauteur n'est pas une caractéristique du phonème vocalique. Le contraire nous obligerait à admettre un système vocalique très lourd à vingt et une unités organisées en deux classes : les voyelles "hautes" et les voyelles "basses". Par ailleurs, si nous interprétons la séquence CV̌ comme une voyelle supportant deux unités tonales, il nous faudrait considérer qu'une voyelle peut être caractérisée non plus par un mais deux traits de hauteur, à moins d'interpréter la réalisation modulée comme une seule unité. Là encore, les inconvénients d'une telle hypothèse sont multiples :

- création d'une troisième unité tonale et partant, d'une troisième classe de voyelles.
- entraîner un déséquilibre dans le système des unités tonales où une réalisation descendante [CV̂] n'est jamais attestée.

Le ton n'est donc pas une caractéristique phonématique, il est une unité prosodique. La correspondance que nous rencontrons (non systématiquement) entre ton et voyelle n'implique pas une liaison absolue.

6.21. *La syllabe, unité de placement des tons.*

La procédure de l'analyse phonématique est utilisée de la même façon pour l'analyse prosodique. La syllabe a été décomposée en marges consonantiques et noyau vocalique, marge et noyau en "positions" susceptibles d'être occupées par des phonèmes. Du point de vue prosodique, chaque syllabe est décomposée en trois positions ou trois paradigmes en fonction du schème tonal le plus large au sein de celle-ci :

P. tonal 1	P. tonal 2	P. tonal 3

Chacun des paradigmes pouvant être occupé par l'une des unités tonales : ton Haut ou ton Bas.

6.22. A partir de la structure prosodique syntagmatique la plus large relevée (trois positions), les réalisations partielles sont considérées comme dérivées de cette structure. Ainsi :

dàngál	"lit"	réalisation partielle de B-Ø-Ø, H-Ø-Ø
fààrǎ	"écolier de l'école coranique"	réalisation partielle de B-B-Ø, B-H-Ø
gààl	"bruit"	B-B-H
dééú	"quatre"	H-H-H
bǔú	"cendre"	B-H-H
gádáɓ	"saleté"	B-Ø-Ø. H-B-Ø

6.23. *Les relations entre les paradigmes tonals.*

Il n'est pas possible de dresser des catégories de tons qui se définiraient par leur position. Cela est évident à travers les exemples ci-dessus.

Le schème syllabique H-H-H : dééú, nous permet d'affirmer que chaque paradigme peut contenir un ton Haut.

Le schème B-B-H : gààl, nous autorise à dire que les deux premiers paradigmes peuvent contenir un ton Bas.

Remarque - Rappelons que les réalisations [V̌] ou [V̀V́] sont considérées comme se décomposant en deux unités tonales.

Nous n'avons pas de schème H-H-B attesté qui nous permettrait de confirmer que chacun des trois paradigmes peut contenir soit un ton Haut soit un ton Bas. La faible fréquence d'attestation de syllabes dans lesquelles les trois positions tonales sont occupées nous fait admettre que cela est possible. Chaque paradigme possède donc une catégorie de tons analogue puisque unique.

6.24. Si chaque paradigme contient un ton Bas ou un ton Haut, aucun indice ne nous permet de situer avec certitude une unité tonale dans l'un des deux paradigmes quand ceux-ci ne sont pas tous occupés. La présence d'un paradigme vide laisse toute latitude de placement de deux autres.

1. fún "genou" peut s'analyser de trois façons

P_1	P_2	P_3
H	∅	∅
∅	H	∅
∅	∅	H

2. tíí "corps" peut s'analyser de trois façons

P_1	P_2	P_3
H	H	∅
∅	H	H
H	∅	H

Dans l'exemple 1 le paradigme vide peut aussi bien se situer en P_1, P_2 que P_3; tout comme les tons Hauts dans l'exemple 2 peuvent figurer dans l'un des trois paradigmes.

6.25. L'absence de relations de détermination entre les paradigmes tonals due à la présence d'une seule catégorie de tons, nous conduit à poser le postulat suivant :

- L'appartenance d'une unité tonale à l'un des trois paradigmes est liée à son ordre d'apparition dans la syllabe. Si une seule unité tonale est attestée, elle appartient au premier paradigme. Si elle est précédée d'une unité tonale, elle appartient au deuxième paradigme, de deux unités tonales au troisième paradigme. Ainsi : P_1 est présupposé par P_2 et P_3

6.26. *Les combinaisons de tons dans la syllabe.*

La langue utilise très rarement les trois positions. Nous présentons la liste des schèmes syllabiques possibles et ceux effectivement réalisé.

	Liste des schèmes possibles		*Liste des schèmes attestés*	
Trois positions	B-B-B B-B-H B-H-H B-H-B	H-H-H H-H-B H-B-B H-B-H	H-H-H B-B-H B-H-H	
Deux positions	B-B B-H	H-H H-B	B-B B-H	H-H H-B
Une position	B H		B H	

6.27. Commentaires

Nous l'avons déjà dit, la faible fréquence d'attestation des schèmes où les trois positions sont occupées permet de justifier les distributions lacunaires. Pour les schèmes à une et deux positions, tous les schèmes possibles sont attestés.

Autre remarque :

- Si la syllabe correspond à l'unité accentuelle minima fɜ́n "genou", le schème Bas n'est jamais attesté. Il s'agit d'une caractéristique non pas de la syllabe mais du mot en kanembou des Ngaldoukou, qui ne possède pas de schème Bas ou Bas-Bas ou Bas-Bas-Bas.

Nous avons expliqué cette absence lors de l'analyse de l'accent.

6.28. *Les relations entre unités tonales et éléments vocaliques*

La division de la syllabe en trois paradigmes tonals et trois paradigmes vocaliques ne suggère pas une correspondance terme à terme entre éléments de la chaîne phonématique et unités de la chaîne prosodique.

La décomposition de la chaîne supra-segmentale n'est pas nécessairement liée à celle de la chaîne segmentale. Comme le note M. MANESSY (1972 : 377), il n'y a pas

> "...obligatoirement corrélation entre la segmentation de la chaîne parlée en unités phonématiques et celle de la courbe mélodique en unités tonales".

6.29. Dans un exemple comme bɜ̌ɜ́r "calebasse sp.", s'il y avait correspondance entre unités tonales et éléments vocaliques, nous aurions la segmentation suivante : b|ɜ̌|ɜ́|r.

Si nous décomposons la syllabe en trois paradigmes tonals nous obtenons :

PT_1	PT_2	PT_3
B	H	H

Si nous décomposons le noyau syllabique nous obtenons :

PV_1	PV_2	PV_3
ɜ	ɜ	ø

PV_3 ne pouvant être occupé que par un archiphonème (*supra* 3.37).

Si l'on superpose les paradigmes de chacune des deux chaînes nous obtenons :

P_1	P_2	P_3
B	H	H
3	3	Ø

La démonstration est ainsi faite qu'il n'y a pas correspondance entre élément phonématique et élément tonal.

6.30. De fait, le nombre d'éléments vocaliques peut être égal au nombre d'unités tonales ou inférieur à celui-ci d'un seul élément. Les différentes relations possibles dans la langue entre voyelle et ton sont les suivantes :

Trois éléments vocaliques / Trois unités tonales
Deux éléments vocaliques / Trois unités tonales ou deux
Un élément vocalique / Deux unités tonales ou une

Remarque - Une modulation supportée par une seule voyelle n'est jamais attestée dans une syllabe où les trois positions vocaliques sont occupées.

En conséquence une unité vocalique a pour fonction de supporter au moins une unité tonale au plus deux. La coïncidence du ton avec une voyelle n'implique pas une liaison nécessaire, la voyelle étant considérée comme l'élément le plus explicite d'une unité qui lui est supérieure, la syllabe.

Il est à noter que sur une même voyelle la succession ton Bas + ton Haut est attestée alors que celle ton Haut + ton Bas ne l'est pas. La structure tonale ne semble pas interdire cette combinaison (nous répondons par là au premier problème soulevé en 6.13).

6.31. *La syllabe phonologique*

La syllabe phonologique est définie comme un segment de la chaîne phonématique caractérisée par un noyau vocalique constitué de trois paradigmes et une marge pré-vocalique et post-vocalique facultatives, chacune constituée d'un seul paradigme. Elle est caractérisée par l'imposition d'un schème tonal constitué de trois paradigmes qui ne coïncident pas obligatoirement avec les trois paradigmes du noyau vocalique.

Schèmes tonals

6.32. Avant d'examiner le système accentuel du kanembou, nous présentons les schèmes tonals permettant de mettre en évidence un fait dont nous avons déjà parlé (6.27) : l'absence de schème Bas, Bas-Bas, Bas-Bas-Bas sur les mots.

Nous définissons le schème tonal comme :

"... le rapport mélodique qui existe entre les hauteurs respectives des syllabes lors de l'élocution" dans le mot indécomposable (M. HOUIS, 1956, p. 341).

6.33. Les schèmes tonals du kanembou sont les suivants :

MONOSYLLABES A NOYAU VOCALIQUE SIMPLE.

[cv]	(ˇ)	kǔ	"ligament"	[- ¯]
[cv]	(´)	fún	"genou"	[¯]

MONOSYLLABES A NOYAU VOCALIQUE COMPLEXE.

[cvv]	(` ´)	kòí	"fiancé"	[- ¯]
[cvv]	(´ ´)	kɔ́ú	"jumeau"	[¯ ¯]
[cvv]	(´ `)	bɔ́ì	"fils de la tante maternelle"	[¯ -]
[cvv]	(ˇ ´)	bǎá	"port de pirogue"	[- ¯ ¯]
[cvv]	(` ˇ)	gàǎl	"bruit"	[- - ¯]
[cvvv]	(´ ´ ´)	dééú	"quatre"	[¯ ¯ ¯]
[cvvv]	(` ` ´)	mɛ̀ɛ̀ʊ́	"dix"	[- - ¯]

DISSYLLABES

[cvcv]	(` ´)	dɔ̀rɔ́	"rive"	[- ¯]
[cvcv]	(´ ´)	fádá	"case"	[¯ ¯]
[cvcv]	(´ `)	tɔ́dɔ̀	"partie inférieure de l'enclume"	[¯ -]
[cvcv]	(` ˇ)	dɔ̀ngɔ̌l	"cuisse"	[- - ¯]

Nous ne présentons pas les dissyllabes à noyau vocalique complexe ni les trisyllabes qui n'apportent rien de nouveau.

L'énoncé de ces schèmes suffit à montrer l'absence de schèmes Bas, Bas-Bas, Bas-Bas-Bas aussi bien sur les monosyllabes que sur les polysyllabes.

6.34. Cette absence pourrait nous faire supposer une structure du schème tonal telle qu'il puisse comporter :

- soit un contraste H-B
- soit un contraste B-H
- soit un contraste "égal" ou Ø

Dans ce dernier cas, le contraste Ø se réaliserait obligatoirement comme une succession de ton Hauts.

Cette hypothèse conviendrait si nous n'avions pas de trisyllabes où le schème B-B-H est attesté remettant en cause l'idée qu'il peut y avoir un contraste égal B-B. Qui plus est dans cette perspective, c'est le schème qui serait pertinent; or nous avons déjà vu (*supra* 6.8) que la quantité de schèmes rendait cette hypothèse peu économique.

L'ACCENT

6.35. Outre les réalisations enregistrées jusqu'à présent, nous en relevons une autre, particulière en ce sens qu'elle s'accompagne d'une intensité. Le registre de cette réalisation est légèrement moins haut que celui du ton Haut. Nous appelons dans l'immédiat cette réalisation H_2 par rapport à H_1 unité tonale de registre Haut.
Nous la notons [ˈV̄] où [ˈ] marque l'accent d'intensité et [¯] le registre H_2.

6.36. L'ensemble des réalisations rencontrées dans la langue figure sur la portée suivante :

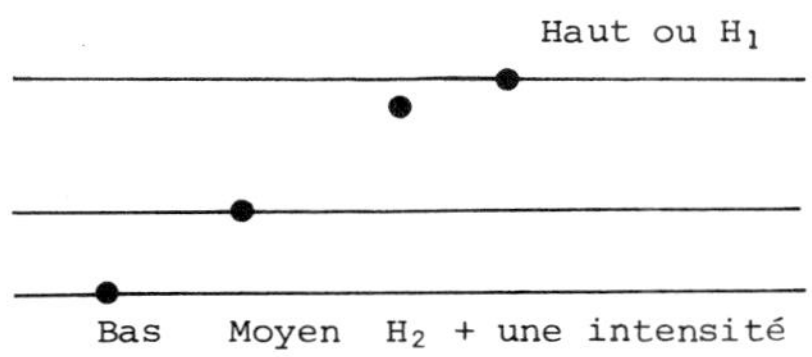

Le registre moyen n'est pas pertinent dans la langue. Outre son apparition dans les cas particuliers signalés en 6.10., il se présente sur les morphèmes à ton Haut lorsque ceux-ci sont précédés d'un radical possédant un ton Bas accentué ou dont la dernière syllabe est porteuse d'une unité à ton Bas.

Remarque - Le ton moyen sera plus précisément analysé lors de l'étude du mot + les morphèmes dans la deuxième partie du chapitre 6.

mɔ́rtɔ̀m "bouillie" + ní *"morphème du possessif"* > mɔ́rtɔ̀nnī

tádˈa "garçon" + ní *"morphème du possessif"* > tádˈanī

Il s'agit donc d'un "downstep" phonétique dans lequel l'abaissement du ton Haut étant conditionné est non pertinent.

6.37. La différence observée entre H_1 et H_2 n'est pas imputable à une mauvaise audition ou à des réalisations particulières de locuteurs. En effet, la présence de H_1 ou H_2 joue un rôle essentiel dans la morphologie des verbes monosyllabiques comme manifestation d'une marque d'aspect permettant de distinguer l'accompli de l'inaccompli.

Inaccompli		*Accompli*	
H_2		ton Haut	
dˈī	"il fait"	dí	"il a fait"
sˈī	"il me donne"	sí	"il m'a donné"
cˈī	"il donne"	cí	"il a donné"
tˈīí	"il met"	tíí	"il a mis"

Cette réalisation n'apparaît pas simplement sur les monosyllabes. Elle est susceptible d'apparaître dans n'importe quelle structure phonématique.

búlˈī	"excrément"	kˈə̄lá	"tête"
kɜ́ˈī	"pintade"	gɪ̀rˈɪ̄ʊ́	"guerre"

6.38. Deux paramètres interviennent dans cette réalisation : l'intensité et la hauteur. Par intensité, nous entendons

> "... un renforcement du son résultant de l'augmentation de la pression de l'air interne" (J.M.C. THOMAS, L. BOUQUIAUX, F. CLOAREC-HEISS, 1976 : 208-209).

Cette intensité n'est pas très énergique, elle est donc difficilement perceptible pour une oreille non avertie. D'ailleurs, nous ne l'avons pas identifiée immédiatement. Cette réalisation tout à fait surprenante nous l'avait fait assimiler au ton Haut dans un premier temps de façon arbitraire. *A priori*, nous ne pouvons définir le statut de cette réalisation. S'agit-il d'un ton, d'un accent ou d'une combinaison ton + accent ? Nous examinons les diverses hypothèses et présentons celle retenue.

L'hypothèse d'une troisième unité tonale

6.39. Il est peu probable qu'il s'agisse d'une unité tonale d'un registre que l'on pourrait qualifier de Moyen - Haut par exemple. Dans cette perspective, il faudrait expliquer l'intensité perceptible et justifier son absence sur des unités de registre Bas et de registre Haut.

Cette démonstration n'est cependant pas péremptoire. L'intensité pourrait être conçue comme une redondance palliant la faible différenciation musicale de H_2 par rapport à H_1. On pourrait dire aussi que H_2 est, dans sa réalisation, quelque peu rehaussé de manière à demeurer distinct de la réalisation [M] de H_1. Plus décisif est l'argument non phonétique qui consiste à remarquer que H_2 n'est attesté qu'une seule fois par mot contrairement aux autres unités tonales, Haut et Bas.

B-B-H ou H-H-H, etc. mais jamais

$*B-H_2-H_2$ ou $*H_2-H_2$, etc.

Nous en concluons que cette unité n'est pas simplement une unité tonale.

L'hypothèse d'un accent

6.40. Dans cette hypothèse, il faut expliquer pourquoi il n'est pas signalé ou perceptible dans certains mots :

CV̀CV́ CV́CV́ CV́CV̀

Dans ces différentes séquences aucune intensité semblable à celle que nous cherchons à expliquer n'est attestée. L'hypothèse d'une présence - absence de l'accent selon les mots nous semble être une solution *ad hoc*. Nous en concluons que cette réalisation n'est pas simplement l'effet d'un simple accent d'intensité.

LES POSTULATS DE L'ANALYSE

6.41. Nous sommes donc parti de l'hypothèse que cette réalisation était le résultat de la superposition d'un accent d'intensité au ton Bas. Nous émettons l'hypothèse par ailleurs que chaque mot possède un accent. Il nous reste à expliquer :

- à quelle unité tonale l'accent se superpose-t-il ?
- l'absence d'intensité dans certain mot, qui semblerait ainsi aller à l'encontre de l'affirmation selon laquelle chaque mot possède un accent d'intensité.

fádá "case"
bùdú "buisson"

- la place de l'accent dans le mot (rappelons que le cadre de l'analyse est toujours le mot indécomposable).

Enoncé des règles

6.42. Nous énonçons directement les règles et justifions nos affirmations.

Règle 1 - Lorsque l'accent tombe sur un ton bas, il le rehausse et le fait se réaliser comme une unité tonale d'un registre un peu moins haut (H_2) que l'unité de registre Haut (*supra* 6.36).

Il y a fonc modification du ton Bas sous l'accent. Cette réalisation que nous avions appelé H_2 est désormais nommée ton Bas accentué. Nous la transcrivons ainsi : /Cˈ V̀/

Règle 2 - lorsqu'il frappe un ton Haut, l'accent n'est pas perçu tandis que le ton n'est pas perturbé.

L'ACCENT ET LE TON BAS

6.43. Il a été nécessaire d'introduire une reconstruction du phénomène non observable de superposition du ton Bas et de l'accent afin de parvenir à une vision du système fondamental. Les réalisations prosodiques attestées sur les mots doivent donc être considérées comme des réalisations de surface.

6.44. *Corpus des schèmes relevés sur les monosyllabes et les dissyllabes.*

Monosyllabes
/C'V̀/, /C'V́/, /CV̀'V́/, /C'V́V̀/, /C'V̀V́/, /CV́'V̀/, /C'V́V́/ ou /CV́'V́/

Remarque - En ce qui concerne la séquence CV́V́, il est légitime de soupçonner la présence de l'accent aussi bien en V_1 que V_2. Dans la mesure où aucun indice ne nous permet de le situer nous donnons à CV́V́ deux réalisations possibles C'V́V́ et CV́'V́. Ces remarques s'appliquent à CV́CV́.

Dissyllabes
/CV̀C'V́/, /C'V́CV̀/, /C'V́CV́/ ou /CV́C'V́/, /C'V̀CV́/, /CV́C'V̀/, /CV̀C'V̀/.

6.45. Un certain nombre de schèmes n'a pas été envisagé dans la présentation du corpus.

- Le schème CV̌ dans lequel la voyelle supporte deux unités tonales.

Il ne fallait pas s'attendre en effet à trouver une stricte correspondance entre les schèmes possibles C'V̌, CV̀́' et les schèmes réalisés dans la mesure où [V̌] est tout de même rarement attesté. Les attestations relevées nous permettent néanmoins d'émettre l'hypothèse qu'il ne peut y avoir sur un même support vocalique coexistence du ton Bas sous l'accent et du ton Haut.

- Les schèmes des trisyllabes où trente-deux schèmes sont possibles pour environ seulement soixante-dix lexèmes d'attestés.

La faible quantité de mots à trois syllabes ne peut que présenter une distribution lacunaire des schèmes par rapport à ceux possibles. Il est donc légitime de ne pas les prendre en considération (neuf schèmes attestés sur trente-deux).

6.46. Les structures prosodiques profondes ont pour base deux unités tonales de registre Haut et de registre Bas et tous les schèmes tonals possibles avec deux unités.

Monosyllabes
/CV́/, /CV̀/, CV̀V́/, /CV́V̀/, /CV́V́/, /CV̀V̀/

Dissyllabes
/CV̀CV́/, /CV́CV́/, /CV́CV̀/, /CV̀CV̀/

6.47. Sous l'effet de l'accent qui frappe nécessairement tout mot, la structure prosodique est modifiée ou non selon les règles R_1 et R_2 (*supra* 6.42). Nous appliquons successivement les règles R_1 et R_2, nous obtenons les schèmes tonals présentés en 6.44, plus trois autres /C'V̀V̀/, /CV̀'V̀/ et /C'V̀CV̀/. Nous expliquons les non-attestations dans les remarques qui suivent immédiatement l'énoncé des transformations.

6.48. Transformation lors du passage de la structure profonde à la structure de surface.

Monosyllabes (après imposition de l'accent)

CV̀ > /C'V̀/ (R1)
CV́ > /C'V́/ (R2)

CV̀V́	>	/C'V̀V́/	(R1)
		/CV̀'V́/	(R2)
CV́V̀	>	/CV́'V̀/	(R1)
		/C'V́V̀/	(R2)
CV́V́	>	/C'V́V́/	(R1)
		/CV́'V́/	(R2)
CV̀V̀	>	/C'V̀V̀/	(R1)
		/CV̀'V̀/	(R2)

Dissyllabes (après imposition de l'accent)

CV̀CV́	>	/C'V̀CV́/	(R1)
		/CV̀C'V́/	(R2)
CV́CV̀	>	/CV́C'V̀/	(R1)
		/C'V́CV̀/	(R2)
CV́CV́	>	/C'V́CV́/	(R1)
		/CV́C'V́/	(R2)

6.49. Il s'agit là de réalisations de surface théoriquement possibles. Si nous comparons ces virtualités avec les réalisations de surface effectivement attestées (*supra* 6.44) nous relevons les différences, les schèmes suivants étant non attestés dans les réalisations de surfaces effectives : /CV̀'V̀/, /C'V̀V̀/, /C'V̀CV̀/.

Ces formes ne sont pas un argument suffisant pour démontrer la caducité de l'hypothèse inscrite dans les règles R1 et R2.

Il y a parallélisme entre les schèmes suivants :

/C'V̀V̀/ par rapport à /C'V̀CV̀/ (schèmes non attestés) et /CV̀'V̀/ par rapport à /CV̀C'V̀/ (où le premier n'est pas attesté tandis que le second l'est).

Cette forme /CV̀C'V̀/ attestée par rapport à CV̀'V̀ non attestée, nous amène à penser qu'il s'agit pour cette dernière d'un schème prosodique lacunaire. Cette hypothèse n'est pas étendue aux formes /C'V̀V̀/ et /C'V̀CV̀/ qui nous le verrons (*supra* 6.61) sont très informatrices sur la place de l'accent dans le mot.

6.50. L'interprétation de la réalisation H_2 comme l'effet d'un rehaussement du ton Bas sous l'accent présente l'intérêt d'expliquer l'absence du schème Bas, Bas-Bas, Bas-Bas-Bas dans les mots : *CV̀(C), *CV̀V̀(C), *CV̀(C)CV̀(C), *CV̀CV̀CV̀, etc.

En effet, dans la mesure où il y a un accent par unité accentuelle, il est tout à fait logique de ne pas rencontrer ce type de schèmes :

CV̀(C)	+	accent	>	[C'V̄(C)]	=	/C'V̀(C)/
CV̀V̀(C)	+	accent	>	[C'V̄V̀(C)]	=	/C'V̀V̀(C)/
				[CV̀'V̄(C)]	=	/CV̀'V̀(C)/

Remarque - Une interprétation différente dans laquelle la réalisation H_2 serait l'effet d'un abaissement du ton Haut sous l'accent n'expliquerait pas l'absence de ces schèmes.

6.51. Cette interprétation a aussi l'avantage de systématiser le système accentuel. LUKAS a noté, outre la qualité incertaine de la réalisation accentuelle, les difficultés de son interprétation :

"Der Akut ist zur Bezeichnung des Akzentes gebraucht. Die mit Akzent versehenen Silben sind jedoch in Kb. sowohl wie in W. nicht sehr stark akzentuiert, so dass stellenweise ein schwebender Akzentcharakter zustandekommt" (1931 : 11).

Traduction : "L'accent aigu [signe orthographique] est employé pour indiquer l'accent [d'intensité]. Cependant, les syllabes qui portent l'accent ne sont pas en Kb. ni en W., très fortement accentuées, de telle sorte que, par endroit, se réalise une caractéristique accentuelle incertaine".

Remarque - Aucune analyse de l'accent n'a été faite dans les langues sahariennes. TUCKER et BRYAN remarquent :
"Nothing is known about stress in KANURI ; LUKAS *mentions (but does not illustrate) a strong "Akzent (Druck)" in TUBU, which may apparently affect tones"* (1956 : 170).

6.52. L'interprétation de la réalisation H_2 comme un ton Bas rehaussé par l'accent d'intensité peut trouver une confirmation dans l'existence du schème Bas sur les morphèmes.

/yɛ̀/	~	/yè/	*"génitif"*	/yɛ́/	~	/yé/	"aussi"
/à/	~	/ɜ̀/	*"défini"*	/á/	~	/ɜ́/	*"pluriel"*

Par ailleurs la variation des schèmes sur certain morphème (*supra* 1.27 et suivants, et *infra*, analyse du mot + morphèmes), tantôt Bas, tantôt H_2, est une preuve de la modification du ton Bas sous l'accent.

[a] *"défini"* est
- Bas [kúdùɜ̀] (aucune intensité perçue)
- H_2 [fádáˈā] (intensité perçue)

L'ACCENT ET LE TON HAUT

6.53. Si aucune intensité n'est perçue, on émet l'hypothèse de la présence de l'accent sur le ton Haut qui ne subit aucune altération phonétique.

Dans les unités accentuelles suivantes :

kúdù "abcès"
bùdú "buisson"

l'accent porte sur la première syllabe dans le premier exemple et sur la seconde dans le deuxième exemple. Le schème tonal donné, il est possible de déduire de la non modification du registre Bas et donc de l'absence d'intensité perçue, la position de l'accent. Cela ne signifie pas que la place de l'accent soit conditionnée par le ton puisque l'accent peut se superposer aussi bien à un ton Haut qu'à un ton Bas. Seule la réalisation de l'accent est conditionnée par le ton. En effet, si l'accent vient à frapper une syllabe de ton Haut, il ne se passera rien "en surface". S'il frappe un ton Bas la réalisation de celui-ci s'en trouvera modifiée.

6.54. Cependant, il est des unités accentuelles dans lesquelles l'intensité n'étant pas perçue, il ne nous est pas possible de situer l'accent du fait de l'existence de plusieurs ton Haut. Dans les unités accentuelles suivantes :

fádá "case"
sígídí "seko"

aucun élément nous permet de situer l'accent avec certitude :

fˈádá ~ fádˈá
sˈígídí ~ sígˈídí ~ sígídˈí

Quand l'accent frappe un ton Haut d'une unité accentuelle à plusieurs tons Hauts, il semblerait que sa position ne puisse plus être identifiée.

6.55. C'est donc ici le problème de la position de l'accent dans le mot qui est implicitement posé. Il convient de remarquer qu'il n'est pas légitime de prendre comme argument de la mobilité de l'accent, le fait que nous ne sachions pas où le situer. Affirmer qu'il est mobile ne résout pas le problème de sa situation. Cette hypothèse est négative et débouche sur une impasse en ce sens qu'il n'est pas possible de savoir sur quel ton Haut frappe l'accent.

6.56. Si nous considérons l'ensemble des schèmes tonals où l'on n'entend pas d'intensité, nous observons deux types de schèmes.

a) Ceux où la place de l'accent est déterminable.
b) Ceux où la place de l'accent n'est pas déterminable.

(a) *L'accent est postulé sur l'unique ton Haut.*

H soit ˈH
B-H soit B-ˈH
H-B soit ˈH-B

(b) *sur quel ton Haut tombe l'accent ?*

H-H soit ˈH-H H-ˈH

6.57. Il convient d'examiner les trisyllabes et de comparer leurs schèmes à ceux des monosyllabes et des dissyllabes.

La distinction est faite entre les schèmes où l'intensité est perçue et ceux où elle ne l'est pas.

L'intensité n'est pas perçue :

Schèmes potentiels		Schèmes réalisés	
B-B-B	H-H-H		H-H-H
B-H-H	H-B-B	B-H-H	
B-B-H	H-H-B	B-B-H	H-H-B
B-H-B	H-B-H	B-H-B	H-B-H

L'intensité est perçue :

Schèmes potentiels (12)
Schèmes réalisés (3) B-B-ˈB ; B-H-ˈB ; H-H-ˈB.

6.58. Nous envisageons l'ensemble des schèmes réalisés sur les trisyllabes. Nous faisons les distinctions suivantes :

- Trisyllabes où la place de l'accent est déterminée du fait de la perception de l'accent d'intensité :

B-B-ˈB	gɔ̀rɔ̀llˈì	"lion, lionne"	4 attestations
B-H-ˈB	ngə̀ládˈì	"épi"	15 attestations
H-H-ˈB	fɛ́βɛ́dˈɔ̀	"aile"	17 attestations

soit 36 trisyllabes.

- Trisyllabes où la place de l'accent est déduite :

B-B-H	dùwɔ̀rí	"grue couronnée"	25 attestations
B-H-B	kə̀lángə̀	"rosée"	3 attestations

soit 28 trisyllabes.

- Mots où la place de l'accent fait problème :

H-H-B	bándə́là	"danse sp."	3 attestations
H-H-H	sígídí	"seko"	1 attestation
B-H-H	kɔ̀ndɔ́lɔ́	"bosse"	3 attestations
H-B-H	kə́ndɔ̀lɛ́	"obligation"	1 attestation

soit 8 trisyllabes.

Position de l'accent sur les trisyllabes

6.59. L'accent est sur la dernière syllabe dans :

- 36 trisyllabes où l'accent est perçu.
- 25 trisyllabes où l'accent est déduit.

L'accent est sur la syllabe pénultième dans :

- 3 trisyllabes où l'accent est déduit.

Deux conclusions fondamentales s'imposent :

. l'accent sur ton Bas ne porte jamais sur la syllabe antépénultième de ton Bas :

CVCVCˈV mais jamais *CˈVCVCV

Remarque - La variante làsámà "colique, dysenterie" de lásámà, montre bien que l'accent non perçu, affectant donc une syllabe à ton Haut, se situe sur la syllabe pénultième et non sur l'antépénultième.
L'argument serait d'autant plus convainquant si nous disposions de plusieurs exemples, ce qui n'est pas le cas.

Il n'y a aucune raison de penser que le phénomène soit différent pour les syllabes antépénultièmes de ton Haut.

. l'accent est donc partiellement libre affectant le plus souvent la dernière syllabe : 61 trisyllabes contre trois sur lesquels l'accent porte sur la syllabe pénultième.

6.60. Pour les sept trisyllabes et les dissyllabes, plus nombreux, où la place de l'accent demeure énigmatique, nous pourrions émettre l'hypothèse suivante en fonction des observations précédentes notamment la faible fréquence d'attestation de l'accent sur une syllabe pénultième dans les trisyllabes :

. l'accent frappe nécessairement le ton Haut de la syllabe finale dans les schèmes H-H, H-H-H, B-H-H.

. l'accent frappe le ton Haut de la syllabe pénultième si le ton de la dernière syllabe est Bas. Cette dernière loi est redondante au fait que l'accent ne peut frapper une syllabe antépénultième quel que soit le ton qu'elle supporte.

6.61. Cette hypothèse est vérifiée par l'absence du schème C'V̀V̀ et C'V̀CV̀. En 6.49., nous avions relevé trois schèmes non attestés : C'V̀V̀, C'V̀CV̀ et CV̀'V̀.

L'attestation de CV̀C'V̀ nous avait fait admettre une distribution lacunaire pour CV̀'V̀, mais nous avions refusé de généraliser cette interprétation aux formes C'V̀V̀ et C'V̀CV̀ dont l'absence d'attestation est pertinente quant à la détermination de la place de l'accent.

La règle peut s'énoncer ainsi :

- Dans une succession de deux tons de même registre l'accent frappe nécessairement le dernier ton du schème.

[H-H] /H-'H/

[B-H-H] /B-H-'H/

[H-H-H] /H-H-'H/

[H-H-B] /H-'H-B/

6.62. Cette règle est confirmée positivement par les exemples suivants :

- présence du schème CV̀C'V̀

- successions de ton Bas dans lesquelles le dernier ton Bas est accentué quand le schème égal reçoit l'accent (ou négativement, un ton Bas accentué n'est jamais suivi d'un ton Bas).

/gʋ̀rʋ̀ll'ɪ̀/ "lion"

/lʋ̀wàl'à/ "bataille, querelle"

/kɪ̀ndɛ̀'ɛ̀/ "être présent, rester"

/gʋ̀r'ʋ̀ʋ́m/ "médicament"

/kə̀r'àf/ "parent, frère"

Il n'y a aucune raison de prétendre qu'il puisse en être autrement lorsqu'il s'agit de tons Hauts. Dans un schème égal, le dernier ton du schème est accentué. Il est bien entendu que le schème égal n'attire pas l'accent :

sɪ́lɪ́d'ɔ̀ "sifflement"

Il est donc plus convenable d'énoncer la règle ainsi :

- Lorsqu'un schème égal est accentué, l'accent frappe nécessairement le dernier ton du schème égal (étant entendu que l'absence d'intensité implique la présence de l'accent sur le ton Haut).

6.63. Il est donc remarquable que ce sont les absences d'attestations qui sont le plus pertinentes :

- l'absence du schème CˈV̀V̀, CˈV̀CV̀ qui permet de déterminer la règle de l'accent sur un schème égal.

- l'absence du schème H-B-B qui permet d'affirmer que l'accent ne tombe jamais sur l'antépénultième. S'il était attesté, il faudrait admettre que l'accent puisse y tomber remettant en cause les règles de la position de l'accent dans le mot indécomposable.

Conclusion

6.64. Nous avions au départ de l'analyse les schèmes problématiques suivants :

H	B-H	B-H-H	H-H-H
	H-B	B-B-H	H-H-B
	H-H	B-H-B	H-B-H

Règle 1 - Quand l'accent n'est pas perçu il frappe un ton Haut.

Il nous reste donc les schèmes problématiques suivants :

H-H	B-H-H	H-H-H
		H-H-B
		H-B-H

Règle 2 - Dans un schème égal, le dernier élément du schème est frappé par l'accent lorsque le schème égal est concerné par l'accent; ce dernier fait est implicite quand aucune intensité n'est perçue.

Un seul schème demeure où la place de l'accent est énigmatique:

H-B-H

Règle 3 - L'accent frappe la dernière syllabe ou la pénultième, jamais l'antépénultième.

Ce fait est confirmé par l'absence d'attestation du schème H-B-B et par l'absence d'un ton Bas accentué sur une syllabe antépénultième. L'accent est donc partiellement libre à l'intérieur du mot indécomposable.

TONS ET ACCENT DANS LE MOT + LES MORPHÈMES

6.65. Dans la précédente section de ce chapitre, il s'agissait de mettre en question l'idée de liberté de l'accent. Ainsi nous avons vu que les limites de morphèmes, plus que les limites formées par le mot phonologique sont informatrices quant à la position de l'accent. Dans la présente section, afin de retrouver le mot phonologique, cadre de l'analyse phonématique, nous étudions les liens entre l'accent et les morphèmes.

6.66. Nous ne rappellerons pas la démonstration inaugurée au chapitre I (méthodologie) mais seulement les règles qui gouvernent les rapports entre mots indécomposables et les morphèmes du point de vue des tons et de l'accent :

- le schème des morphèmes est variable et dépend du schème des mots indécomposables ou radicaux :
- nous avons deux types de morphèmes :
  . l'un sur lequel il y a une variation entre un ton Bas et une réalisation H_2 qui n'est autre qu'un ton Bas sous l'accent,
  . l'autre sur lequel il y a une variation entre un ton Haut et un registre moyen.
- ces variations sont conditionnées par le schème accentuel des radicaux ou mots indécomposables.
- les mots indécomposables sont organisés en deux classes selon l'influence qu'ils exercent sur le schème des morphèmes :

  Première classe : l'accent frappe un ton Bas (dernière syllabe ou pénultième) ou le ton Haut de la syllabe pénultième.

  Remarque - Si l'accent frappe le ton Haut de la syllabe pénultième, la dernière syllabe ne peut que supporter un ton Bas. En effet, il faut se rappeler que dans un schème égal l'accent frappe toujours le dernier élément tonal de celui-ci.

  Deuxième classe : l'accent frappe un ton haut de la dernière syllabe du mot indécomposable.

6.67. Ces deux classes déterminent le schème des morphèmes de la façon suivante :

Classe I + morphème à ton Bas → morphème à ton Bas
Classe II + morphème à ton Bas → morphème à ton Bas accentué.
Classe I + morphème à ton Haut → morphème à ton moyen
Classe II + morphème à ton Haut → morphème à ton Haut accentué.

Remarque - Cf. la règle de la position de l'accent sur un schème égal développée de 6.60 à 6.63.

Nous examinons ces lois à travers les exemples qui suivent.

6.68. *CLASSE I + MORPHEME A TON BAS*

L'accent frappe le ton Bas de la dernière syllabe ou de la pénultième ou le ton Haut de la syllabe pénultième.

1) ɾnjˈiɜ̀ "l'eau"
ɾnjˈi + ɜ̀ "eau + *morphème de défini*"

Remarque - Il est important de noter que les jeunes locuteurs et plus particulièrement les locuteurs scolarisés ne prononcent pas [ɾnjˈiɜ̀] mais [ɾnjˈɜɜ̀]; une voyelle géminée s'est substituée à une succession de voyelles hétérophones. Pour la clarté des exemples présentés nous conservons exceptionnellement la transcription des voyelles hétérophones qui concerne une pratique linguistique liée aux vieux locuteurs et aux non urbanisés.

2) mb'à ng'əláà "le bon père"
ng'əlá + à "bon + *morphème de défini*"

Remarque - [à] ou [ɜ̀] "*morphème de défini*" suivant l'harmonie vocalique.

3) kúdùì cɜ̀úwó "l'abcès à tué"
kúdù + ì "abcès + *morphème de nominatif*"

6.69. *CLASSE II + MORPHEME A TON BAS*

L'accent frappe un ton Haut de la dernière syllabe du mot indécomposable.

1) nɜ̀nkúrúù bɜ̀lɜ̀síy'è "une profondeur de puits"
bɜ̀lɜ̀sí + yè "puits + *morphème de génitif*"

2) ɲǎmm'à "le lait"
ɲǎm + à "lait + *morphème du défini*"

6.70. *CLASSE I + MORPHEME A TON HAUT*

1) mɔ́rtɔ̀nnī "ma bouillie"
mɔ́rtɔ̀m + ní "bouillie + *morphème du possessif*"

Remarque - La réalisation de registre moyen n'est pas pertinente puisqu'elle est une réalisation particulière du ton Haut, apparaissant suivant les règles précises que nous venons de voir, donc prévisible.

2) tád'ànī "mon garçon"
tád'à + ní "garçon + *morphème du possessif*"

3) k'àttínī "ma terre"
k'àttí + ní "terre + *morphème du possessif*"

6.71. *CLASSE II + MORPHEME A TON HAUT*

1) kásární "mon épée"
kásár + ní "épée + *morphème du possessif*"

2) ɲǎnní "mon lait"
ɲǎm + ní "lait + *morphème du possessif*"

6.72. Un mot indécomposable ou radical peut être suivi de plusieurs morphèmes.

Les règles établies pour le premier morphème (*supra* 6.67) s'appliquent au second en fonction du schème créé, non plus par le mot indécomposable, mais par le mot indécomposable + le morphème qui précède le second.

Dans l'exemple **fádángə́** "sa case" le schème du radical **fádá** conditionne celui du morphème **ngə́** : Classe II + morphème à ton Haut entraîne morphème à ton Haut.

Dans l'exemple **fádángə́'à** "sa case" + *défini*", le schème du morphème de défini [à] est conditionné par le schème formé par le radical + le morphème ngə́.

Cela apparaît mieux si un morphème de ton Haut s'agglutine à cette séquence.

fádángə́'àyɛ̄ "sa case-là aussi" où [yɛ̄] est /yɛ́/ "aussi"

Dans ce dernier exemple si le schème du radical influençait celui du morphème yɛ́ celui-ci se réaliserait [yɛ́] (classe II + morphème à ton Haut entraîne morphème à ton Haut).

C'est donc bien la séquence **fádángə́ˈà** qui conditionne le morphème yɛ́.
En règle générale chaque morphème est conditionné par ce qui précède.

Nous reprenons le schéma présenté en 6.67. et nous l'appliquons aux séquences à plusieurs morphèmes. Pour chaque type de variations et de règles nous donnons des exemples.

6.73. Classe I + morph. à ton Bas.

→ ton Bas + 2ème morph. à ton Bas → ton Bas.

gɔ́rààyɛ̀ "de la kola"	gɔ́rɔ̀ "kola"	+ à	*"défini"*
		+ yɛ̀	*"génitif"*

→ ton Bas + 2ème morph. à ton Haut → ton moyen.

gɔ́ràànī "ma kola"	gɔ̀rɔ́ "kola"	+ à	*"défini"*
		+ ní	*"possessif"*

6.74. Classe II + morph. à ton Bas.

→ ton Bas accentué + 2ème morph. à ton Bas → ton Bas.

fádángə́ˈàyɛ̀ "sa case à lui"	**fádá** "case"	+ ngə́	*"possessif"*
		+ à	*"défini"*
		+ yɛ̀	*"génitif"*

→ ton Bas accentué + 2ème morph. à ton Haut → ton moyen.

gàngǎˈàngə̄ "son tambour"	gàngǎ "tambour"	+ à	*"défini"*
		+ ngə́	*"possessif"*

6.75. Classe I + morph. à ton Haut.

→ ton moyen + 2ème morph. à ton Bas → ton moyen.

lártə̀ngə̄ī "son pays..."	lártə̀ "pays"	+ ngə́	*"possessif"*
		+ ì	*"nominatif"*

→ ton moyen + 2ème morph. à ton haut → ton moyen.

lártə̀ngə̄mā "même son pays"	lártə̀ "pays"	+ ngə́	*"possessif"*
		+ má	"même"

De façon générale les morphèmes suivant un autre qui a subi le phénomène de "downstep" phonétique (ton Haut se réalisant moyen) reçoivent l'écho du "downstep" et se réalisent à leur tour sur un registre moyen; il n'y a plus d'oppositions après cette réalisation moyenne.

fádángə́ˈàyə̄rāā "il va aussi vers sa maison là ?"	**fádá** "case"	+ ngə́	*"possessif"*
		+ à	*"défini"*
		+ yɛ́	"aussi"
		+ rɔ̀	*"directionnel"*
		+ á	*"interrogation"*

6.76. Classe II + morph. à ton Haut

→ ton Haut + 2ème morph. à ton Bas → ton Bas accentué.

máˈì jˈʊl kɔ́rˈayɛ̄ sɔ́mbɔ́yéˈɔ̀ "le grand chef, vieux et maigre"	sɔ́mbɔ́ "maigre"	+ yé	*"coordination"*
		+ ɔ̀	*"défini"*

→ ton Haut + 2ème morph. à ton Haut → ton Haut.

fádángə́yɛ́á "est-ce sa case aussi ?"	**fádá** "case"	+ ngə́	*"possessif"*
		+ yɛ́	"aussi"
		+ á	*"interrogation"*

CONCLUSION

Ce travail n'est pas une étude définitive et exhaustive des processus phonologiques du kanembou. Il est certain qu'une socio-phonologie du kanembou qui décrirait systématiquement les co-variations entre structure linguistique et structure sociale nous conduirait à établir un spectre de systèmes phonologiques; hypothèse qui nous semble licite fondée sur les quelques indices rencontrés et présentés de façon éparse dans ces pages.

L'analyse phonématique est la synthèse de deux analyses :

- une analyse syntagmatique distributionnelle qui conduit à une classification des phonèmes.
- une analyse paradigmatique, en traits distinctifs, à l'intérieur des classes distributionnelles obtenues.

Dans la première phase de ce travail nous avons tenté de montrer comment le mot phonologique ou unité accentuelle s'articulait en syllabes, phonèmes. Il s'agit donc de décrire les faits par une hiérarchie de dépendances où les dépendances particulières se laissent déduire des dépendances plus générales.

Dans la deuxième phase, les éléments sont caractérisés par des traits de substance. Ainsi l'analyse de la forme détermine la forme de l'analyse : l'analyse paradigmatique présuppose l'analyse syntagmatique.

La démarche que nous avons adoptée convient bien, semble-t-il, à la description d'une langue comme le kanembou dans laquelle les faits sont interprétés de manière simple et économique. Par ailleurs, s'il est vrai qu'il est possible de classer les phonèmes d'une langue de plusieurs manières, nous n'avons pas pris pour autant la liberté de nous éloigner de la réalité au profit de l'élaboration d'un système qui aurait toutes les chances de s'autonomiser par rapport aux faits dont il est censé rendre compte.

L'analyse prosodique nous a conduit à faire une distinction entre phonématique et prosodie. Cette séparation est imposée par la liberté de l'accent en kanembou. En effet, dans cette langue, il n'est pas possible de déduire ses limites du mot et de sa constitution phonologique la place de l'accent à l'intérieur de celui-ci. De fait, l'accent libre dépend de la structure morphologique du mot et il est probable que les langues à accent libre impliquent une nécessaire division du mot en morphèmes. Cette intrusion dans le domaine morphologique permet de déchiffrer la disparité des formes prosodiques et d'expliquer pourquoi les morphèmes subissent des variations en apparence capricieuses. En outre comme le note P. GARDE (1965 : 39) :

> "Quelle que soit la complication du système accentologique, l'étude des virtualités accentuelles de tous les morphèmes est en tout état de cause plus économique que celle de l'accent de tous les mots".

L'analyse prosodique telle que nous la suggérons a donc pour tâche de fixer la place de l'accent et de définir les morphèmes.

TEXTE*

Le conte que nous présentons a été enregistré en décembre 1975, à Nguéléa, chef-lieu de canton de la préfecture du lac.

Il nous a été raconté par une jeune femme, [sálmádá], qui n'a jamais été à l'école. Un temps spectatrice et auditrice de celle qui était présentée comme la spécialiste des contes et des chants, elle émit soudain, sous la pression de quelques amies, le désir de s'exprimer, mais son émoi était si grand qu'elle n'a pas toujours su maîtriser le récit. Sa hâte à l'achever lui a fait omettre très certainement des passages pertinents pour sa compréhension. Il n'en demeure pas moins un texte fort intéressant du point de vue phonologique et morphologique.

Nous avons jugé bon de ne pas encombrer le récit de certaines répétitions, hésitations ou erreurs. Nous les avons donc supprimées lors de la transcription finale.

Le texte est présenté de la façon suivante :
Sur la page de gauche figure la traduction et les notes linguistiques et ethnolinguistiques; sur celle de droite en vis-à-vis la transcription dans la langue et le mot à mot. Cette partie comporte trois lignes : la première, introduite par un chiffre romain, représente la transcription phonologique. Chaque unité accentuelle de cette ligne est accompagnée d'un chiffre (ligne deux), et de sa traduction littérale (ligne trois).

---

*Ce texte a déjà été présenté dans un ouvrage, *Contes et récits du Tchad, La femme dans la littérature orale tchadienne*, Paris, Edicef.

REMARQUES SUR CHACUNE DES PARTIES

Transcription et mot à mot

Ligne 1 - Il s'agit d'une transcription phonologique. Cependant, la notation des mi-nasales est un compromis entre une transcription strictement phonologique (/nb/, /nd/, /nɟ/, /ng/) et une transcription purement phonétique ([mb], [nd], [ɲɟ], [ŋg]). Nous les avons notées, mb, nd, nɟ, ng.

Afin d'éviter une surcharge de la chaîne supra-segmentale, le ton Bas sous l'accent n'est noté que par l'accent soit ˈV et non ˈV̀.

Les espaces blancs délimitent des unités accentuelles. Le tiret à l'intérieur des unités délimités par des espaces blancs marque une limite morphologique. Les points suivants le tiret séparent les morphèmes entre eux.

Le découpage en lignes est arbitraire, imposé par les nécessités de la mise en page. Aucun critère, si ce n'est celui de l'audition de grandes pauses, effectuées par le conteur, n'a contribué à la segmentation en phrases, symbolisée par // (*infra* Conventions et abréviations). En ce sens, elle pourrait être remise en cause.

Ligne 2 - Au-dessous de chaque unité accentuelle nous avons placé un chiffre nous permettant de faire des renvois en note concernant aussi bien la première que la troisième ligne.

Ligne 3 - Un certain nombre de signes sont utilisés afin d'effectuer la traduction mot à mot et d'indiquer les relations des termes entre eux. Nous renvoyons aux conventions et abréviations (*infra*).

Traduction littéraire et notes

La traduction littéraire est reprise à la fin du conte afin d'en avoir une perception générale.

Les notes - Nous avons pensé qu'il était utile d'accompagner le texte de remarques morphosyntaxiques permettant de mieux saisir le découpage du texte.

CONVENTIONS DE TRANSCRIPTION LINGUISTIQUE ET ABREVIATIONS

// Sépare des énoncés indépendants : c'est une limite de phrase.

/ Sépare les unités accentuelles ou mots.

| Sépare les termes d'une unité accentuelle en relation de dépendance les uns par rapport aux autres.

ABREVIATIONS

acc.	accompli	*inacc.*	inaccompli
cf.	conférer	*int.*	interrogatif
cond.	conditionnel	*loc.*	locatif
dém.	démonstratif	*N.I.*	non identifié
dir.	directionnel	*nég.*	négatif
E.	emprunt	*nom.*	nominatif
f.ph.	fonction phatique	*onom.*	onomatopée
gén.	génitif	*plur.*	pluriel
imp.	impératif	*poss.*	possessif

I-III. Un homme abreuve ses vaches et tant il les abreuve qu'il en a des ampoules aux mains.
IV-VI. Il désire les crever mais un ami le dissuade : il ne faut pas le faire.
VII-IX. (Il suit les conseils de son ami) mais l'une d'entre elles finit par mûrir, elle se crève finalement et deux jeunes filles apparaissent aussitôt.

I.1) L'archiphonème /M/, *supra* 2.50.
I.2 - II.1 - III.2) [noo] ou [no] marque dont la fonction est phatique permettant de maintenir le contact entre le conteur et les auditeurs. Le degré d'aperture de la voyelle est lié à l'harmonie vocalique dictée par le radical.
I.3) Règle des réalisations phonétiques des unités tonales sur les morphèmes : - si le radical possède un ton Bas sous l'accent ou se termine par une syllabe à ton Bas, le morphème de ton Bas conserve son ton Bas; s'il est de ton Haut celui-ci devient moyen. Nous devrions donc avoir en I.3. phonétiquement [fiyˈengɜ̄] - si le radical ne comporte pas de ton Bas sous l'accent et se termine par une syllabe à ton Haut, le morphème de ton Haut conserve son ton qui devient accentué; et le morphème de ton Bas devient bas accentué. Nous avons en III.3. phonétiquement [ndʊ̀kkɔ́ngə́rˈɔ].

III.3) rò ou rɔ̀ (*directionnel*), exprime le mouvement vers un lieu ou la pénétration dans un lieu.

V.2) /ɜ̀/ ou /à/ marque du défini, Ø marque de l'indéfini.
V.3) ndɜ́ltɜ́ "casser un oeuf ou un objet qui contient un liquide".

VI.1) L'archiphonème /G/, *supra* 2.62. Sur la réalisation [y] de l'archiphonème, *supra* 2.34. et suivantes.
VI.3) Si nous appliquons les règles présentées en I.3, /ngɜ́/ se réalise [ngɜ̄]. Il s'agit d'un "down-step" phonétique où le ton Haut devient moyen. Tous les morphèmes suivant ce "down-step", quel que soit leur ton de base, deviennent moyen. Ainsi, le mot en VI.3. est transcrit phonétiquement [sàwˈāngə̄lāī].

VII.3) wàlà marque l'interdiction : ex. [wàlàtə́mbʊ́] "il ne faut pas que tu partes". Curieusement, cette marque dans le texte ne subit pas l'harmonie vocalique.
VII.3) ndúllúmˈi + bóó : amuissement du [i].

VIII.3) Le vrai sens de kàngˈal est "soleil"; yˈʊm "jour" (calendrier); bàllɛ́ "jour" (contraire de nuit).
VIII.4) Sur l'archiphonème /B/, *supra* 2.42. et suivants.

IX.2) n "*locatif*", désigne le développement du procès du verbe dans un lieu.
IX.3) "fille" fɛ́rˈɔ; "des filles" fɛ̀ràá. Le schème Bas - Bas du radical, la désinence [á] sont les marques du pluriel des nominaux.

I. Kˈam tɔ̀llɔ́-nɔ́ɔ̀ fíyˈe-ngɜ́
1 2 3
homme / un | *f.ph.* / vache | *poss.* /

II.cɛ̀tˈi-nɔ̀ fíyˈe-ngɜ́ cɛ̀tˈi
1 2 3
il abreuve | *f.ph.* / vache | *poss.* / il abreuve /

III.fíyˈe-ngɜ́ cɛ̀tˈi dó.nɔ̀ɔ̀ ndɔ̀kɔ́-ngá.rɔ̀
1 2 3
vache | *poss.* / il abreuve | jusqu'à | *f.ph.* / main | *poss.* | *dir.* /

IV.tɜ́ndɜ́lì tácˈɪ-nɔ̀ ndɔ̀kɔ́-ngə́.rɔ̀
1 2 3
ampoule / il a mis | *f.ph.*/ main | *poss.* | *dir.* /

V.tácˈɪ-nɛ̀.nɔ̀ tɜ́ndɜ́lì-ngɜ̀.ɜ̀ ndúllúkˈi
1 2 3
il a mis | lorsque | *f.ph.* / ampoule | *poss.* | *déf.* / je casse /

VI.wɔ̀lGí-nɛ̀ kˈaM sàwˈa-ngə́.là.ì
1 2 3
il a dit | lorsque / personne / ami | *poss.* | un certain | *nom.* /

VII.tɜ́ndɜ́lì-nɜ́M ádˈə wàlà-ndúllúm.bɔ̀ó
1 2 3
ampoule | *poss.* / *dém.* / interdiction | casse | *nég.* /

VIII.wɔ̀lGí-nɔ̀ɔ̀ // tɜ̀ˈi-dóóˈ kàngˈal bàBˈʊ-nɛ̀
1 2 3 4
il a dit | *f.ph.* // il possède | jusqu'à / jour / mûr | lorsque /

IX.ndúlGí-nè cɔ́rɔ́-n fɛ̀rà-á
1 2 3
il a cassé | lorsque / ventre | *loc.* / filles | *plur.* /

X-XII. Il leur construit une case de neuf coudées pour qu'elles puissent s'abriter.

XIII-XV. Il reprend sa besogne quotidienne et le soir après avoir abreuvé ses vaches, il rend visite aux deux jeunes filles et leur dit : "Vous êtes des bracelets noirs, mes filles".

XI.2) Emprunt au français.

XI.3) Bâton taillé dont la forme est semblable à celle d'une aiguille. Instrument qui sert à la construction des cases, utilisé comme "aiguille" mais aussi comme mesure égale à environ une coudée.

XII.2) [ɜ] marque la coordination du verbe; non coordonné, on obtiendrait tánd'ɪ.

XII.2) Le verbe est ici à l'accompli. L'opposition entre accompli et inaccompli est fondamentale en kanembou. Nous présentons une catégorisation des verbes sur cette base qui n'est en rien définitive. L'inaccompli est marqué par les voyelles dont la racine de la langue est avancée et en général, par le ton Bas accentué en finale de syllabe sauf pour les verbes de schèmes Haut-Bas. L'accompli permet de distinguer trois catégories de verbes selon qu'il possède des voyelles avancées ou non, marquées [+] ou [-] et un ton bas accentué sur la dernière syllabe marquée [+] ou [-].

	Avancé	*Ton bas accentué*
Inaccompli	+	+
Accompli I	-	+
Accompli II	-	-
Accompli III	+	-

Lorsque le verbe à l'accompli ne possède pas de ton Bas accentué sur la finale de syllabe, nous avons toujours un ton Haut.

XIII.1) cɪ̀kɪ́ ou cɪ̀kɔ́ + ə̀, marque de la coordination verbale.

XIII.2 et XIV.2) tʊd'ɔ + "*coordination*" → tʊ́d'ʊ (*infra* XXII).

XIV.4) et XV.2) nɟà et yà sont des formes différentes d'une même désinence marquant la condition.

XV.3) tʊ̀llɔ́ indique le numéral; avec un schème Bas-Bas tʊ̀llɔ̀ est la marque d'un indéfini.

XVI.4) La désinence nɜ́ n'a pu être identifiée (*N.I.*).

X.yìndí cɔ̀lʋ̀wɔ́ fɛ̀rà-á.ngə́ yìndí
1 2 3 4
deux / elles sont sorties / fille | *plur.* | *poss.* / deux /

XI.cɔ̀lʋ̀ʋ́-nà kàrɛ́ kìlìsˈɜ lə̀gáár-rà
1 2 3 4
elles sont sorties | qui / concession / "bâton-aiguille" / neuf | à /

XII.cɔ́rɔ́-rɔ̀ tándˈə cìkɔ́-nɔ̀ɔ̀ //
1 2 3
ventre | *dir.* / il a construit / il a mis | *f.ph.* /

XIII.cìkˈə-nɛ̀ tʋ́dˈʋ fíyˈe-ngɜ́
1 2 3
et il a mis | lorsque / il est parti / vache | *poss.* /

XIV.cètˈi-nò tʋ́dˈʋ fíyˈe-ngɜ́ wˈʋí-nɟà
1 2 3 4
il abreuve | *f.ph.* / il est parti / vache | *poss.* / il a regardé | *cond.* /

XV.sírí yíì-yà tʋ̀llɔ̀-yɛ́ tɜ́sì
1 2 3 4
soir / il est venu | *cond.* / un | aussi / bracelet /

XV̄I.cílɜ́M fɛ́rˈɔ-ní tʋ̀llɔ̀-yɛ́ tɜ̀sì-nɜ̀
1 2 3 4
noir / fille | *poss.* / un | aussi / bracelet | *N.I.* /

XVII.cílɜ́M fɛ́rˈɔ-ní dɜ̀ndɜ̀lí
1 2 3
noir / fille | *poss.* / petite quantité /

XVIII-XX. "Les enfants de la brousse venez ! buvez un peu de lait, mes filles !". Et tous les jours s'écoulent ainsi.

XXI-XXIII. Mais un jour, alors qu'il est parti abreuver ses vaches, arrive un chasseur.

XXIV-XXVI. *Bat, bat, bat, bat, bat.* Il entre et voit les deux jeunes filles très belles.

XVIII.1) Il s'agit d'un pluriel irrégulier. Au singulier : ɲˈɛnɛ́.
XVIII.2 et 4) kàrˈa et cˈam ne sont pas des lexèmes propres aux Ngaldoukou qui ont pour désigner la brousse [dɨ́lˈi] et le lait [ɲǎm]. Les lexèmes en usage chez le conteur sont d'origine kanuri.
XVIII.2) La désinence /yè/ ou /yɛ̀/ suivant l'harmonie vocalique est un morphème de génitif (dépendance et appartenance).

XIX.1) Nous percevons phonétiquement [cˈāmyāwɔ̄ɔ̄]. Les réalisations de registre moyen nous permettent d'affirmer que deux unités accentuelles [cˈām] + [yàwɔ́ɔ́] ont été assemblées en une seule.
XIX.1) Le deuxième /ɔ́/ de yàwɔ́.ɔ́, expressif, marque une insistance sur le fait de boire.
XIX.2) /nɨ́/ ou /nɨ́/ "mon, mas, mes". Pas de distinction de genre et de nombre.
XIX.3) /nɟˈi/ forme abrégée de /wùlGˈi/.

XX.2) Adverbe difficilement traduisible qui exprime l'idée d'un perpétuel recommencement.
XX.3) dˈi, inaccompli, et dɨ́, accompli. Ce verbe appartient à la catégorie III, *supra* note XII.2.

XXI.2) *Supra* note XV.3.

XXII.2 et XXII. 4) *Supra* note XIII.2 et XIV.2.

XXIV.1 et 3) Le verbe comporte la marque de la coordination; yɨ̀ (*supra* XXIII.2) est la forme non coordonnée. Même chose pour gààˈʊ (XXV.1), gààˈɪ.
XXIV.2) Onomatopée souvent utilisée dans les contes des Ngaldoukou pour caractériser l'allure des chasseurs.

XXV.2) Le dernier verbe d'une série de verbes coordonnés ne porte jamais la marque de la coordination.

XXVI.1) yé est ici la forme abrégée de ngáyɛ́.
XXVI.3) Le premier sens de dˈiBɨ́ est "mauvais".

XVIII.yˈal kàrˈa-yɛ̀ ɜ̀rúwó cˈaM
1 2 3 4
enfants / brousse | *gén.* / venez ! / lait /

XIX.yàwɔ́-ɔ́ fɛ́rˈɔ-nɩ́ nɟˈi //
1 2 3
buvez ! | *insistance* / fille | *poss.* / il dit /

XX.ádˈə-yɛ̀dɩ́ rʊ́ʊ́ dˈi dˈi-dóó
1 2 3 4
dém. | comme / *cf. note* / il fait / il fait | jusqu'à /

XXI.dàɩ́ // kàngˈal-tʊ̀llɜ̀ kúrɛ́ɛ̀
1 2 3
c'est tout // jour | un certain / encore /

XXII.fɩ́yˈe-rò tʊ́dˈɔ // tɩ́ tʊ́dˈʊ-nɛ̀
1 2 3 4
vache | *dir.* / il est parti // lui / il est parti | lorsque /

XXIII.kìMnɩ́rˈo-ì yɩ́ì kìMnɩ́rˈo
1 2 3
chasseur | *nom.* / il est venu / chasseur /

XXIV.yʊ́ʊ̀ pat bat bat bat bat yʊ́ʊ̀
1 2 3
et il est venu / *cf.note.* / et il est venu /

XXV.gààˈʊ cʊ́rˈɪ fɛ̀rà-á.ngá.à
1 2 3
et il est rentré / et il est venu / fille | *plur.* | *poss.* | *déf.* /

XXVI.yìndɩ́-yé sándɜ̀ dˈiBɩ́
1 2 3
deux | toutes / belles / très /

XXVII-XXXI. Il s'enfuit subitement chez le roi en criant : "j'ai une nouvelle !", "Quelle nouvelle ?", "J'ai une nouvelle", "Quelle nouvelle ?", "J'ai une nouvelle !", "Mais que cherches-tu ?".
XXXII-XXXIV. "Une vache ?" "non", "une chèvre ?" "non", "un chameau ?" "non", "un cheval ? un vêtement" "non".
XXXV-XXXVII. "Non, mais si tu abandonnes la boule que tu as commencé à manger, cette boule sur laquelle tu as salivé, daignerais-tu me la donner ?" (le texte n'est pas assez redondant; il semblerait que le chasseur désire échanger son secret — l'existence de belles jeunes filles — contre un peu de nourriture).

XXIX.3) Le vrai sens de [kɜ̀rcɪ́] est 1) "mensonge", 2) "pet"

XXX.1) Ce verbe appartient à la catégorie II, *supra* note XII.2.

XXXII.1 et 3, XXXIII.1, XXXIV.1) á ou ɜ́ marque du conditionnel. fɪ́yˈe + ɜ́, kánˈɪ + á, gɛ̀lGɪ́mˈo + ɜ́, kàsʊ́mˈɔ + á

XXXIV.1) kàsʊ́mˈɔ ou kàsə́mˈɔ
XXXIV.4) Verbe coordonné.

XXXV.1 et 3) nəmì + à

XXVII. yʊ́ʊ̀ cʊ́rꜜʊ-nɛ̀ dàí
1 2 3
il est venu / il a vu | lorsque / c'est tout /

XXVIII. cìgáꜜʊ gállɑ́ʊ̀ gɔ́ínɔ̀
1 2 3
il a couru / course / il a pris /

XXIX. tʊ́dꜜʊ mꜜaí-rɔ̀ // kɜ̀rʉí
1 2 3
il est parti / chef | *dir.* / nouvelle /

XXX. tꜜakí kɜ̀rɜí // ɜ̀í-yè
1 2 3
j'ai / nouvelle / quoi | *gén.* /

XXXI. kɜ̀rʉí tꜜakí // ɜ̀í mɜ́nɜ́mꜜi
1 2 3 4
nouvelle / j'ai / quoi / tu cherches /

XXXII. fíyꜜɜ-ɜ́ // áʔá // kánꜜa-á // áʔá //
1 2 3 4
vache | *int.* // non // chèvre | *int.* // non //

XXXIII. gɜ̀lGímꜜɜ-ɜ́ // áʔá // fꜜʊr-rá // áʔá //
1 2 3 4
chameau | *int.* // non // cheval | *int.* // non //

XXXIV. kàsʊ́mꜜa-á // áʔá // bꜜʊrí bʊ́Mmꜜʊ
1 2 3 4
vêtement | *int.* // non // boule / tu as mangé /

XXXV. wá-nəmà-à nɟʊ̀lʊ́ təBá-r.nəmà.à
1 2 3
tu as abandonné | *pers.* | *cond.* / salive / tu as salivé | sur | *pers.* | cond. /

XXXVI. ádꜜə dəMmá wʊ̆-ɪ̀ àwɔ́
1 2 3 4
dém. / seulement / moi | *nom.* / chose /

XXXVII. ngàdɛ̌ mɜ́-nɟír.nɜ̀kì.nɜ̀.bɔ̀ɔ́
1 2
autre / je me demande | te | je (*pers.*) | à | *nég.* /

XXXVIII-XL. A son retour, après avoir abreuvé ses vaches, l'homme rend visite aux jeunes filles comme tous les soirs.
XLI-XLIII. Il appelle "ses bracelet noirs" et les invite à boire du lait.
XLIV-XLVI. Mais il n'entend aucune réponse. Les enfants de la brousse avaient disparu.
XLVII-XLIX. Les deux jeunes filles ont été enlevées (par les hommes du roi). L'homme pleura et ne cessa de pleurer.

LX.1) kìsí signifie aussi bouche.

LXII.1) *supra* note XV.3.

LXIII.2) *supra* note XVI.4.

XLIV. 2) *supra* note XVIII.1.
XLIV.3 et XLV.1) *supra* note XVIII.2. et 4.

XLV.1 et 2) *supra* note XIX.1.
XLV.4) Ce verbe appartient à la catégorie II; *supra* note XII.2. A l'inaccompli : wùlG'i.

XLVI.1) Onomatopée qui exprime le silence, l'absence.

XLVII.3) *supra* note XXVI.1.

XLVIII.2) k'am + ì devient k'ammì.
XLVIII.3 et 4) Verbe coordonné.

XXXVIII. wɔ̀lGí-nɔ̀ɔ̀ // kʊ́rɛ́ɛ̀ fíy'e-ngɜ́
1 2 3
il a dit | *f.ph.* / encore / vache | *poss.* /

XXXIX. kə̀nɟɛ̀t'ɔ-rɔ̀ tʊ́d'ɔ-nɔ̀ tʊ́d'ʊ //
1 2 3
le fait d'abreuver | *dir.* / il est parti | *f.ph.* / et il est parti /

XL. kʊ́rɛ́ɛ̀ sírí mɛ̀í yʊ́ʊ̀-nɛ̀
1 2 3 4
encore / soir / il est retourné / et il est venu | lorsque /

XLI. kìsí kàrɛ́-yà.à.n dàí-yà
1 2 3
porte / concession | *gén.* | *déf.* | *loc.* / il s'est tenu | *cond.* /

XLII. tɔ̀llɔ̀-yɛ́ tɜ́sì cílɜ́M fɛ́r'ɔ-ní
1 2 3 4
un | aussi / bracelet / noir / fille | *poss.* /

XLIII. tɔ̀llɔ̀-yɛ́ tɜ̀sì-nɜ́ cílɜ́M fɛ́r'ɔ-ní
1 2 3 4
un | aussi / bracelet | *N.I.* / noir / fille | *poss.* /

XLIV. dɜ̀ndɜ̀lí y'al kàr'a-yɛ̀ ɜ̀rúwó
1 2 3 4
petite quantité / enfants / brousse | *gén.* / venez ! /

XLV. c'am yàwɔ́-ɔ́ fɛ́r'ɔ-ní wɔ̀lGí-nɛ̀
1 2 3 4
lait / buvez ! | insistance / fille | *poss.* / il a dit | lorsque /

XLVI. yíll kɜ́dɜ́k // kʊ́rɛ́ɛ̀ tʊ́d'ɪ-nɔ̀
1 2 3
onom. / encore / il est parti /

XLVII. yíll kɜ́dɜ́k-nɔ̀ɔ̀ // fɛ́r'ɔ yìndí-yé gɔ́yɛ̀-nɔ̀ //
1 2 3 4
onom. | *f.ph.* / fille / deux | toutes / ils ont pris | *f.ph.* /

XLVIII. gɔ́yɛ̀-nɛ̀ k'aM-mì círɔ̀ círɔ̀
1 2 3 4
ils ont pris | lorsque / homme | *nom.* / et il a pleuré / et il a pleuré /

XLIX. círɔ̀ kɜ́mb'u-rɔ̀ wálGì-nɔ̀ //
1 2 3
et il a pleuré / aveugle | *dir.* / il est devenu | *f.ph.* /

L-LII. Ses vaches meurent de soif. Il erre et il erre longtemps.

LIII-LV. Puis un jour, il retrouva les deux jeunes filles chez le roi. "S'il vous plaît, levez-vous, regardez cette personne" dit le roi aux jeunes filles en désignant l'homme. Elles se sont levées, sont venues et l'ont regardé.

LVI-LVIII. "S'il vous plaît, dit le roi, regardez votre père, est-ce bien lui ?"

"Cette personne n'a jamais été notre père"

LIX-LXI. Puis elles l'ont lavé et l'ont caché dans une concession où il demeure au secret.

L.1 et 2) Phonétiquement nous entendons [fiyˡēngɜ̄yɜ̄mɜ̄lāī̄]. La présence de registre moyen sur les morphèmes ngɜ́ et yɜ́ s'explique par les règles présentées en I.3. Les réalisations de même registre sur l'onomatopée qui représente à elle seule une unité accentuelle, indiquent qu'il y a eu phoniquement un regroupement de deux unités accentuelles en une seule. Nous les avons séparées dans le texte car l'harmonie vocalique montre bien qu'il s'agit de deux unités accentuelles autonomes.
L.2) Onomatopée qui exprime la destruction ou l'extermination.

LI.2) Réalisé généralement dɜ́rcì.

LXI.1) Ce terme désigne la condition de certaines femmes mariées chez les Kanouri, qui ne peuvent sortir de leur concession, si ce n'est la nuit et sous surveillance.

L. fĭy'e-ngɜ́.yɜ́ mə́lə́í ng'ʋdí-ì
1 2 3
vache | *poss.* | aussi / *onomat.* / soif | *nom.* /

LI. cèí-nɔ̀ɔ̀ // dɜ́rɟì dɜ́rɟì dɜ́rɟì
1 2 3 4
il a tué | *f.ph.* / il erre / il erre / il erre /

LII. dɜ́rɟì-dó tʋ́d'ʋ cʋ́r'ʋ-nɛ̀
1 2 3
il erre | jusqu'à / et il est parti / et il a vu | lorsque /

LIII. fɛ́r'ɔ-ní ɜ́kɜ́dì // nd'a k'aM
1 2 3 4
fille | *poss.* comme ça / s'il vous plaît / homme /

LIV. ád'ə cìnɔ̀-kʋ́dɔ́ wʋ́n'ɔ wʋ́lGí-nɔ̀ɔ̀ //
1 2 3 4
dém. / levez-vous ! | allez-y ! / regardez ! / il a dit | *f.ph.* /

LV. cìyɛ́'ʋ sɔ́ʋ̀ wʋ́y'ɛ-nɛ̀
1 2 3
et elles se sont levées / et elles sont venues / elles ont regardé | lorsque /

LVI. nd'a kʋ́rɛ́ɛ̀ fɛ̀rà-á.ngá.à
1 2 3
s'il vous plaît / encore / fille | *plur.* | *poss.* | *déf.* /

LVII. ɟɛ́yɛ́'ʋ wʋ́n'ɔ mb'a-ndə́.ə́.
1 2 3
Ils ont attrapé / regardez ! / père | *poss.* | *int.* /

LVIII. wʋ̀lGɛ́í-nɔ̀ɔ̀ // k'aM ád'ə ɟúkúrò
1 2 3 4
ils ont dit | *f.ph.* / homme / *dém.* / jamais /

LIX. mbá-ndə́-nǐ wʋ̀lGɛ́í-nɔ̀ɔ̀ // wɔ́tɛ̀
1 2 3
père | *poss.* | *nég.* / elles ont dit | *f.ph.* / maintenant /

LX. tə́lGɛ́ʋ̀-nɔ̀ gɔ́yɛ́ʋ̀ mb'a-ngə́
1 2 3
et elles ont lavé | *f.ph.* / elles ont pris / père | *poss.* /

LXI. kùùlé-rò k'ak cɛ̀k'ə rɔ́yɛ́n'ɔ-nɔ̀ // kál'as
1 2 3 4 5
cf.note | *dir.* / *onom.* / elles ont mis / elles ont gardé | *f.ph.* // fin (*emprunt arabe*).

TRADUCTION

Un homme abreuve ses vaches et tant il les abreuve qu'il en a des ampoules aux mains.
Il désire les crever mais un ami l'en dissuade. Les jours passent et l'une d'entre elles finit par mûrir et se crever. Deux jeunes filles apparaissent aussitôt. Pour les mettre à l'abri il leur construit une case de neuf coudées.

Il reprend sa besogne quotidienne et le soir après avoir abreuvé ses vaches, il rend visite aux deux jeunes filles et leur dit : "Vous êtes des bracelets noirs, mes filles; les enfants de la brousse, venez ! buvez un peu de lait mes filles !"

Tous les jours s'écoulent ainsi.

Mais un jour, alors qu'il est parti abreuver ses vaches, arrive un chasseur : bat, bat, bat, bat, bat. Il entre dans la case et voit les deux jeunes filles très belles. Il s'enfuit aussitôt chez le roi (Chef) en criant : "J'ai une nouvelle, j'ai une nouvelle !".
"Quelle nouvelle ?"
"Une nouvelle"
"Quelle nouvelle ? mais que cherches-tu ? une vache ?"
"Non !"
"Une chèvre ?" "Non !"
"Un chameau ?" "Non !"
"Un cheval ?" "Non !"
"Un vêtement ?"
"Non ! mais si tu délaisses la boule que tu as commencé à manger, cette boule sur laquelle tu as salivé, daignerais-tu la donner ?".

Après avoir abreuvé ses vaches, l'homme rend visite à ses filles comme tous les soirs. Il appelle ses "bracelets noirs" et les invite à boire du lait. Nulle réponse, silence : les enfants de la brousse avaient disparu.
L'homme est désespéré et ne cesse de pleurer. Il ne travaille plus et ses vaches meurent de soif. Il erre et il erre longtemps.

Puis un jour, il retrouva les deux filles chez le roi.
"S'il vous plaît, levez-vous ! Regardez cette personne !" dit le roi aux jeunes filles en désignant l'homme,
"Est-ce bien votre père ?"
Elles se sont levées et l'ont regardé :
"Cette personne n'a jamais été notre père !"

Puis elles l'ont lavé et l'ont caché dans une concession. Il y demeure au secret sans jamais sortir.

BIBLIOGRAPHIE*

*cf. JOUANNET (Francis) - 1978, Bibliographie des langues sahariennes, précédée d'un historique des diverses classifications, *Inventaire des études linguistiques sur les pays d'Afrique Noire d'expression française et sur Madagascar*, Paris, Conseil International de la Langue Française, pp. 221-232.

Ouvrages cités et ouvrages consultés.

La Bibliographie est divisée en cinq parties :

I. Ouvrages généraux utilisés pour l'établissement de l'introduction générale.
II. Classification des langues.
III. Langue kanuri. Nous citons les livres consultés sur cette langue très proche du kanembou.
IV. Langue kanembou.
V. Méthodologie.

I. OUVRAGES GENERAUX UTILISES POUR L'ETABLISSEMENT DE L'INTRODUCTION GENERALE.

BOUQUET (C.) - 1974, *Iles et rives du Sud-Kanem (Tchad) Etude de Géographie régionale*, Centre d'Etudes de Géographie régionale, Centre d'Etudes de Géographie Tropicale, n°13, C.N.R.S.

JOUANNET (Fr.) - 1978a, *La situation socio-linguistique du Tchad, Contacts de langues et contacts de cultures*, SELAF (LACITO-Documents / Afrique 5), Paris, 136 p., cartes.

LE ROUVREUR (A.) - 1962, *Saharien et Sahélien du Tchad*, Paris, Berger-Levrault.

MAUNY (R.) - 1970, *Les siècles obscurs de l'Afrique Noire*, ed. Fayard, p. 185.

NACHTIGAL (G.) - 1880, *Voyage au Bornou et au Baghirmi en 1872*, Trad. J. Gourdault (Tour du Monde 40), pp. 337-393.

- 1881, *Sahara et Soudan*, Trad. J. Gourdault. Paris, Hachette et Cie, 2 t.

II. CLASSIFICATION

BAUMANN (H.), WESTERMANN (D.) - 1948, *Les peuples et les civilisations de l'Afrique*, Paris, Payot.

CAPRILE (J.P.) - 1972, Langues. *Atlas pratique du Tchad*, Paris, Fort-Lamy, I.N.T.S.H. - I.G.N, 79 p. (*cf.* pp. 36-37).

CAPRILE (J.P.), JUNGRAITHMAYR (H.) - 1973, Inventaire provisoire des langues "tchadiques" parlées sur le territoire de la République du Tchad, (Marburg) *Africana Marburgensia*, VI (2).

DELAFOSSE (M.), CAQUOT (A.) - 1924, Langues du Soudan et de la Guinée, MEILLET (A.) et COHEN (M.), *Les Langues du Monde*, Paris, Champion.

GREENBERG (J.H.) - 1954, Studies in African Linguistic Classification, Part. 8, (Albuquerque - New Mexico) *Southwestern Journal of Anthropology* 10, pp. 405-415.

- 1963, *Languages of Africa*, International Journal of American Linguistics, 29 (1) Part. II.

- 1966, *Languages of Africa* (2nd. rev. ed.), The Hague, Mouton.

- 1971, Nilo-Saharan and Meroitic in Sebeok, *Current Trends in Linguistics*, v. 7, *Linguistics in Sub-Saharan Africa* (T. SEBEOK ed.), The Hague, Mouton, pp. 421-442.

JOUANNET (Fr.) - 1978b, Les langues sahariennes, *Inventaire des études linguistiques sur les pays d'Afrique noire d'expression française et sur Madagascar*, Paris, Conseil International de la langue française, pp. 221-232.

LAVERGNE DE TRESSAN (de) - 1953, *Inventaire linguistique de l'Afrique Occidentale Française et du Togo*, Dakar, I.F.A.N. (Mémoire 30), 241 p.

LUKAS (J.) - 1936, The linguistic situation in the Lake Chad area in Central Africa, *Africa* 9 (3), pp. 332-349.

- 1939, Linguistic Research between Nile and Lake Chad, *Africa* 12 (3), pp. 335-349.

- 1951-1952, Umrisse einer östsaharanischen Sprachgruppe, *Afrika und Übersee* 36, pp. 3-8.

TUBIANA (J.) - 1968, Field-work on Darfur (1965-1967), *Dossier de la R.C.P. n° 45, Populations anciennes et actuelles des confins tchado-soudanais,* Paris, C.N.R.S.

TUCKER (A.N) et BRYAN (M.A.) - 1956, *The Non Bantu Languages of the North Eastern Africa*, Hand book of African Languages 3, Oxford University Press.

III. LANGUE KANURI

BARTH (H.) - 1854, Scheiben an Prof. Lepsius (über die Beziehungen der Kanõri - und Tědã - Sprachen). *Zeitschrift der Gesellschaft für Erkunde zu Berlin* II, pp. 372-374, 384-387.

- 1862-1866, *Sammlung und Bearbeitung Central Afrikanischer Vokabularien*, Gotha, 2 vol.

- 1970, Extraits de ses écrits : Bornu, Benue, Baghirmi, pp. 327-463, in, *Zwischen Mittelmeer und Tschadsee. Reisen deutscher Forscher des 19. Jahrhunderts durch Nord und Zentralafrika*, Berlin, Verlag der Nation, 675 p.

BENTON (P.A.) - 1968, *The languages and peoples of Bornu. Being a collection of the writtings of P.A. Benton*, Introd. by A.H.M. Kirk-Green, London, F. Cass and Co, 2 vol. tabl. (Cass Library of African Studies. General Studies n°64). (V.1 : Notes on some languages of Western Sudan, 304 p.; V.2 : Kanuri readings. Primer of Kanuri grammar. A Bornu almanac 199 p.).

DENHAM (D.), CLAPPERTON (H.), OUDNEY (W.) - 1826, *Narrative of travels and discoveries in Northern and Central Africa, in the years 1822, 1823, and 1824*, London 3 vol.

GREENBERG (J.H.) - 1960, Linguistic evidence for the influence of the Kanuri on the Hausa, *Journal of African History* 1 (2), pp. 205-212.

GREGERSON (E.A.) - 1967, Linguistic seriation as a dating device for loanwords, with special reference to West Africa. *African Language Revue* 4, pp. 102-108.

KOELLE (S.W.) - 1864, *Polyglotta Africana*; or a comparative vocabulary of nearly three hundred words and phrases, in more than one hundred distinct african languages, London, Church Missionary House, 188 p.

- 1963, Reprint with historical introduction by Hair, P.E.F., Londres.

- 1854, *Grammar of the Bornu or Kanuri language*, Londres, XI + 326 p.

- 1968, *African native literature or proverbs, tales, fables and historical fragments in the Kanuri or Bornu language, to which are added a translation of the above and a Kanuri-English vocabulary*, Nouv. éd. Graz, Akademische Druck-u. Verlagsanstalt, XVI + 438 p. (I ère éd. 1854).

LANGE (D.) - 1972, Un vocabulaire Kanuri de la fin du XVIIe siècle. *Cahiers d'Etudes Africaines*, 12 (46), pp. 277-290.

LUKAS (J.) - 1937, *A study of the Kanuri Language, grammer and vocabulary*, Londres, Oxford Univ. Press, International Institute of African languages and cultures, XVII + 253 p. (1968, Nouvelle Edition).

NOEL (P.) - 1923, *Petit manuel Français-Kanouri*, Paris, P. Geuthner, 130 p. (Préface de M. Delafosse).

IV. LANGUE KANEMBOU

HUTCHISON (J.P.) - 1970, *Lexique kanembou et exercices*, Virgin Islands Training Center (Manuel destiné aux volontaires du corps de la paix) 1. Lexique, 61 p; 2. Exercices, 120 p.

JOUANNET (F.) - 1976, Pour une orthographe pratique du kanembou, *Annales de l'université du Tchad*, n° spécial, ND'jamena, pp. 197-211.

- 1977, Etude phonétique du kanembou des Ngaldoukou, *Etudes phonologiques tchadiennes*, Paris, SELAF, (Bibliothèque 63-64), pp. 128-143.

- 1978c, Comparaison lexicale entre une langue tchadique, le kotoko, et une langue saharienne voisine, le kanembou, *Préalables à la reconstruction du proto-tchadique* (J.P. CAPRILE et H.JUNGRAITHMAYR éds.), Paris, SELAF (LACITO-documents Afrique 2), pp. 177-192. En collaboration avec P. BOUNY.

- 1979, Accompli et inaccompli en kanembou. A paraître in *Africana Marburgensia*. Actes du colloque sur "the Chad Languages in the Hamitosemitic-Nigritic border area (Marburg Oct. 1-5 1979).

- 1981, Morphologie et accent à propos du kanembou, *Problèmes de tons dans les langues africaines*, SELAF, Paris.

KOELLE (S.W.) - 1854, cf. kanuri (vocabulaire Kā́nèm).

LUKAS (J.) - 1931, *Die Sprache der Káidi-Kanembú*. 13, Beiheft zur Zeitschrift für Eingeborenen-Sprachen, Berlin (1969, Kraus Reprint, Nendeln, Liechtenstein).

- 1959, Mitteilungen über die Stämme und Sprachen der östlichen Kanembou (Tschadseegebiet), *Africa und Übersee*, t. 43, p. 106-115.

V. METHODE ET ANALYSE

BERRY (J.) - 1957, Vowel harmony in Twi, (University of London) *Bulletin of the School of Oriental and African Studies* 19, pp. 124-130.

BONVINI (E.) - 1974, *Traits oppositionnels et traits contrastifs du kasim*, Institut National des Langues et Civilisations Orientales.

BOUQUIAUX (L.) - 1970, *La langue birom (Nigeria septentrional) Phonologie, Morphologie, Syntaxe* (Bibliothèque de la Faculté de Philosophie et de Lettres de l'Université de Liège, Fascicule CLXXXI), Paris, Les Belles Lettres, 498 p., 3 cartes.

- 1971, Cf. THOMAS

- 1976, Cf. THOMAS, J.M.C. et CLOAREC-HEISS, F.

CHOMSKY (N.) et HALLE (M.) - 1968 (éd. 1973), *Principes de phonologie générative*, Paris, éd. du Seuil.

CLOAREC-HEISS (F.) - 1976, Cf. THOMAS (J.M.C.) et BOUQUIAUX (L.)

GARDE (P.) - 1968, *L'accent*, Paris, P.U.F. (coll. SUP), 171 p.

- 1965, Accentuation et morphologie, *La Linguistique* (PUF), pp. 25-39.

FISCHER-JØRGENSEN (E.) - 1949, Remarques sur les principes de l'analyse phonémique, *Travaux du cercle linguistique de Copenhague*, V, pp. 214-234.

- 1970, Définition des catégories de phonèmes sur une base distributionnelle, (Paris) *Langage* 20, pp. 35-60.

GREENBERG (J.H.) - 1963, Vowel harmony in African Languages, *Actes du second Colloque International de Linguistique Négro-Africaine*, Université de Dakar, pp. 33-37.

HAUDRICOURT (A.G.) et THOMAS (J.M.C.) - 1967, *La notation des langues, phonétique et phonologie*, (Paris) Institut Géographique National - Institut d'Ethnologie.

HJELMSLEV (L.) - 1935, On the principles of phonematics, *Proceeding of the International Congress of Phonetic Sciences*, (London), pp. 49-57.

- 1938, The syllabe as a Structural Unit, *Proceeding of the international Congress of Phonetic Sciences*, (London), pp. 266-272.

- 1939, *La structure morphologique* (Rapport du Vème Congrès International des Linguistes) Bruxelles, pp. 66-93.

- 1963 (éd. 1969), *Le langage*, Paris, Ed. de Minuit, 201 p.

- 1968 (éd. 1971a), *Prolégomènes à une théorie du langage*, Paris, Ed. de Minuit, 231 p.

- 1971b, *Essais Linguistiques*, Paris, Ed. de Minuit, 279 p.

HJELMSLEV (L.) et ULDALL (H.J.) - 1957, Outline of Glossematics, *Travaux du cercle linguistique de Copenhague* XI pp. 1-90.

HOUIS (M.) - 1956, Schèmes et fonctions tonologiques, *Bulletin de l'Institut Français d'Afrique Noire* XVIII (série B - 3-4), pp. 335-368.

- 1963, *Etude descriptive de la langue susu*, Dakar, Institut Français d'Afrique Noire.

JAKOBSON (R.) - 1963 (éd. 1968), *Essai de linguistique générale*, Paris, éd. de Minuit, 260 p.

JUNGRAITHMAYR (H.) - 1971, The Tangale vowel harmony system reconsidered. *Journal of African Languages* 10 (1), pp. 28-33.

KURYLOWICZ (J.) - 1948, Contribution à la théorie de la syllabe, *Bulletin de la Société Pol. de Linguistique*, pp. 80-114.

- 1949, La notion de l'isomorphisme. *Travaux du Cercle de linguistique de Copenhague* V, pp. 48-60.

LADEFOGED (P.) - 1964, *A phonetic study of West African language*, West African language monographie Cambridge University Press in association with the West African language survey.

MALMBERG (B.) - 1971, *Phonétique générale et romane*, Paris, Mouton, 478 p.

MANESSY (G.) - 1960, *La Morphologie du nom en Bwamu (bobo-oulé) dialecte de Bondoukuy*, Université de Paris, Faculté des Lettres et Sciences Humaines.

- 1969, *Les langues gurunsi. Essai d'application de la méthode comparative à un groupe de langues voltaïques*, Paris, SELAF (Bibliothèque 12-13), I, 80 p.; II, 102 p.

- 1971, Phonèmes et tons, *Bulletin de la Société de Linguistique de Paris*. 66 (I), pp. 369-378.

MARTINET (A.) - 1946, Au sujet des fondements de la théorie linguistique de Louis Hjelmslev, *Bulletin de la Société de linguistique de Paris* 42, pp. 19-42.

- 1947, Où en est la phonologie, *Lingua I*, pp. 34-58.

- 1966, *La description phonologique avec application au parler franco-provençal d'Hauteville (Savoie)*. Genève, Droz, 108 p.

- 1955 (éd. 1970a), *Economie des changements phonétiques* Berne, A. Francke, 396 p.

- 1965 (éd. 1970b), *La linguistique synchronique. Etudes et recherches*, Paris, P.U.F. (coll. SUP), 256 p.

- 1960 (éd. 1970c), *Eléments de linguistique générale*, Paris, A. Colin, 217 p.

PIKE (K.L.) - 1947 (éd. 1971), *Phonemics. A technique for Reducing languages to Writing*, University of Michigan Press, Ann Arbor.

- 1948 (éd. 1972), *Tone languages. A technique for determining the number and type of pitch contrast in a language, with studies in tonemic substitution and fusion*, Ann Arbor, University of Michigan Press.

- 1967, Tongue-root position in practical phonetics, *Phonetica* 17. pp. 129-140.

RETORD (G.L.) - 1972, *L'Agni, variété dialectale sanvi, phonologie, analyses tomographiques, documents*, Annales de l'Université d'Abidjan (série H, Linguistique V [1]).

SAPIR (E.) - 1931, Notes on the Gweabo Language of Liberia, *Language*, 7 (1), pp. 30-41.

SCHACHTER (P.) - 1961, Phonetic similarity in tonemic analysis, with notes on the tone system of akwapim twi, *Language* 37 (2).

STEWART (J.M.) - 1967, Tongue-root position in Akan vowel harmony. *Phonetica* 16 (4), pp. 185-204.

- 1971, Niger Congo, Kwa, *Current Trends in Linguistics*, 7, pp. 179-212.

THOMAS (J.M.C.) - 1963, *Le parler Ngbaka de Bokanga, Phonologie, Morphologie, Syntaxe* (Le Monde d'Outre-Mer, Passé et Présent, 1ère Série, Etudes XXII, E.P.H. E.), Paris-La Haye, Mouton, 307 p.

- 1965, Considérations sur le système des tons en Twi, *La Linguistique* 2, pp. 123-128.

- 1967, Cf. HAUDRICOURT.

THOMAS (J.M.C.) et BOUQUIAUX (L.) - 1971[2], *Introduction à l'enquête de terrain, I. De l'enquête et description des Langues à tradition orale* (Travail de l'E.R. 74 du C.N.R.S.); II. *Notion d'analyse grammaticale pour la description*; III. *Questionnaires d'enquête*, Paris, SELAF (NS 1), 763 p.

THOMAS (J.M.C.), BOUQUIAUX (L.), CLOAREC-HEISS (F.) - 1976, *Initiation à la phonétique*, Paris, PUF, 253 p.

TOGEBY (K.) - 1965, *Structure immanente de la langue française*, Paris, Larousse, 208 p.

TROUBETZKOY (N.S.) - 1970, *Principes de phonologie*, Paris, Klincksieck.

TUCKER (A.N.) - 1971, Orthographic systems and conventions in Sub-Saharan Africa, *Current Trends in Linguistics* 7, La Haye, Mouton pp. 618-653.

ULDALL (H.J.) - 1957, Cf. HJELMSLEV (L.).

WELMERS (W.E.)) 1959, Tonemics, Morphotonemics, and Tonal Morphemes, *General Linguistics*, pp. 1-9.

- 1973, *African Language Structure*, (Berkeley - Los Angeles - London), University of California Press, 488 p.

WESTERMANN (D.) et WARD (I.C.) - 1933, *Practical phonetics for students of african languages*, London - New-York - Toronto, Oxford University Press for the International African Institute, 169 p.

TABLE DES MATIÈRES

Achevé d'imprimer le 17 février 1982
sur les presses de la SELAF -
75010 Paris (France)

Duplication SELAF